BIBLIOTHÈQUE DES CURIOSITÉS

LA FOLIE

Statistique. — La Démonomanie.
Les Démons. — Incubes et Succubes.
Les Tueurs d'enfants.
Les Lycanthropes. — Les Anthropophages.
Le Mangeur de cadavres. — Néron.
Le Guillotiné. — Rois fous.
Le Mort qui mange. — Erotomanie.
L'Homme de beurre. — Le Cœur révélateur.
Monomanie musicale.
Charenton. — Bicêtre. — La Salpêtrière.
Gheel en Belgique.

PARIS

P. LEBIGRE-DUQUESNE, LIBRAIRE-ÉDITEUR

16, rue Hautefeuille, 16

1868

LA FOLIE 1514

BIBLIOTHÈQUE DES CURIOSITÉS

LA FOLIE

PARIS

P. LEBIGRE-DUQUESNE, ÉDITEUR

16, RUE HAUTEFEUILLE, 16

—

1868

LA FOLIE

I.

LA FOLIE.

Nous avons inscrit en tête de ce livre *Curiosités de la Folie*. Est-ce bien curiosités qu'il faut dire? N'est-ce pas plutôt étrangetés, atrocités, monstruosités de la folie? Au musée de madame Tussaud, à Londres, il est une pièce qui n'est ouverte qu'à certains privilégiés et qu'on appelle la Chambre des Horreurs. N'est-ce pas le cas d'écrire au frontispice de ce livre ces mêmes mots : Chambre des Horreurs? Et bien vrais seraient-ils, car s'il existe dans la nature humaine une manifestation odieuse, horrible, effrayante de son impuissance et de son imperfection, c'est dans cette terrible maladie qui s'appelle la folie; maladie d'autant plus triste que nul ne peut supposer qu'il en soit jamais atteint, qu'elle effraie l'imagination la plus courageuse, et qu'en somme une circonstance, un atome, un choc, une émotion, peuvent plonger dans les ténèbres l'homme le mieux doué.

L'homme est bien fier de son intelligence. Pour lui, c'est dans la conscience, dans la connaissance de sa propre existence et de ses propres sentiments que réside l'essence de son existence. Ne pas penser, se dit-il, c'est ne pas vivre. Et cette intelligence, lueur si vive, lumière si éclatante, un souffle peut l'éteindre. Quand on se plonge résolument dans l'étude des annales de la folie, on recule épouvanté. Il semble que la vue se soit perdue dans un abîme. Tout est sombre, tout est triste; on entend les hurlements des furieux ou les lamentations des désespérés. C'est un antre, un enfer dont on compte les cercles, surpris et effrayé de les trouver aussi nombreux, aussi peuplés.

Rien n'est plus terrible, en effet, que de songer à ces êtres qui ne sont plus en possession d'eux-mêmes, qui n'ont plus ni volonté ni initiative, machines qui marchent encore, mais sans que leurs mouvements soient réglés par cette pondération supérieure qui s'appelle la conscience.

La première fois que je vis un fou, je regardais avec étonnement cette figure placide, ces yeux calmes; je ne pouvais imaginer que cet homme ne comprît pas ce que je lui disais. Je lui parlai : alors ce visage qu'aucun reflet n'éclairait s'épanouit bêtement sous un sourire. Il m'avait entendu, certes. Un son avait frappé son oreille. Mais, pour lui, rien n'avait plus de sens. Je m'emportai presque, je voulus raisonner, je voulus ramener cet être déshérité au sentiment des perceptions réelles, il sourit encore, il rit, il rit toujours, il rit follement. Je lui parlai de son père qui était mort, de sa femme qui pleurait, de ses enfants qui appelaient leur père. Il rit, et la béatitude placide anima ce visage qu'aucune sensation morale n'agitait plus.

Alors je compris la folie, et je voulus savoir ce qu'était cette horrible maladie. Je travaillai, je lus, j'étudiai, et, je le répète, je reculai épouvanté. L'intelligence humaine est-elle donc si fragile? Quoi, depuis que l'histoire subsiste avec quelque réalité, des milliers d'individus ont été ainsi réduits à l'état de brutes, perdant toute qualité d'hommes, sans idée, sans pensée, sans conscience. Et cependant là est la vérité.

La statistique est une terrible science. Voici ce qu'elle nous apprend :

A la fin de 1860, le nombre des maisons consacrées au traitement des aliénés s'élevait, pour toute la France, à 98, ainsi réparties : 57 asiles publics, 41 privés.

26 départements en sont dépourvus.

La population de ces asiles n'a cessé de croître depuis 1835 jusqu'en 1865. Pendant cette période de 26 années, la progression est effrayante. Voici quelques chiffres justificatifs :

| 1835. . . 10 539 | 1841. . . 13 887 |
| 1851. . . 21 353 | 1861. . . 30 239 |

Le total de l'accroissement est de 19 700, soit 750 par année moyenne. C'est une augmentation de 187 p. 100.

Au point de vue de la nature de leur infirmité, les malades en traitement le 1er janvier de chacune des années 1856-1861 se classaient ainsi qu'il suit :

Années.	Fous.	Idiots.	Crétins.
1856	22.602	2840	43
1857	23 283	2976	46
1858	23 851	3134	43
1859	24 395	3443	40
1860	25 147	3577	37
1861	26 450	3746	43

Le fait saillant de ce tableau, c'est l'augmentation considérable, par rapport aux fous, du nombre des idiots.

Les femmes sont en majorité : la moyenne actuelle est, pour cent malades, de 51.90 femmes, et 48.10 hommes.

Plus des quatre cinquièmes des fous entretenus dans nos asiles n'offrent aucune chance de guérison.

L'asile de la Salpêtrière de Paris est le plus considérable de tous ces établissements. Il comptait, à la fin de 1860, 1362 malades.

Le rapport constate qu'en dix ans le nombre total des individus atteints d'affections mentales s'est élevé de 44 970 à 84 214.

L'accroissement aurait donc été :

De 1851 à 1856 de. . . . . . 34 0[0
De 1856 à 1861 de. . . . . . 39 0[0

Sur 100 aliénés, il y a en général 25 hommes mariés et 75 célibataires.

La folie se termine souvent par le suicide : sur 53 126 suicides, de 1836 à 1852, la statistique a constaté 13 241 cas de folie.

Ces chiffres ont à peine besoin de commentaires.

En Angleterre, la statistique n'est pas moins effrayante. D'après un des derniers rapports des commissaires des asiles d'aliénés qui existent en Angleterre, l'accroissement constant de l'aliénation mentale dans la classe pauvre arrive à rendre très-insuffisants les aménagements des asiles aétuels. Ces établissements, tant publics que privés, comptent aujourd'hui près du double de pensionnaires qu'ils n'en avaient il y a quinze ans. Ainsi, tandis que leur nombre total était de 14 560 au 1er janvier 1849, il atteignait 28 285 au 1er janvier 1864, la progression fournie en particulier par les indigents ayant été de 10 801 à 22 958. On a compté durant la période des quinze dernières années, près de 120 000 admissions et 33 490 décès. D'un autrecôté, la même période a vu libérer 71 361 reclus, dont 42 921 après guérison et 28 440 non guéris.

La proportion des guérisons a été plus forte parmi les femmes que parmi les hommes, et la mortalité a été aussi beaucoup plus grande parmi ces derniers.

En comptant 16 410 aliénés, logés en dehors des asiles spéciaux, on arrivait au 1er janvier 1865, à un total de 44 695 pour l'Angleterre et le pays de Galles; mais ce nombre, tout considérable qu'il est, ne représente qu'imparfaitement les proportions réelles de la folie dans ce royaume; beaucoup de cas, tenus plus ou moins secrets, soit dans les prisons, soit dans les maisons particuculières, se trouvant en dehors de la statistique qui précède.

C. Leclerc a tracé comme suit une curieuse classification de la folie :

Misonomie. Aversion pour les règles ordinaires de la justice.

Monachomanie. Un auteur l'a appelée la petite vérole de l'esprit.

Uperenorie. Folie de l'ambition et de la vanité.

Papilatrie. Impulsion vers la cour de Rome.

Staunorosie. Maladie des croisades.

Cosmotelophobie. Peur de la fin du monde.

Deisidemonie. Folie des sortiléges.

Puretotimie. Folie du point d'honneur, du duel.

Logomanie. Incohérence du langage.

Doxométhie. Ivresse de la gloire.

Despotisme. Folie de la domination.

Papyrodipsie. Manie d'écrire.

Hierospasme. Folie des convulsionnaires.

Autophonie. Tristesse, folie du suicide.

LA DEMONOMANIE

II.

LA DÉMONOMANIE.

De tout temps, à toutes les époques, les imaginations faibles ont été terriblement frappées par
les mystères des diverses religions, théogonies
indoue, paganisme ou christianisme.

Ceux qui n'ont pas su dégager la vérité sous le
mythe ont perdu jusqu'à la notion la plus élé-
mentaire de la raison. C'est surtout au moyen-âge
et sous le règne terrible de l'inquisition que la
folie religieuse ou démonomanie a pris le plus
d'extension.

Dans l'histoire hébraïque, nous voyons déjà

Saül troublé par la crainte d'avoir déplu au Seigneur, devenant furieux et ne se calmant qu'aux accords de la lyre de David.

Dans l'histoire grecque, nous remontrons les pythies, les prophétesses dont l'imagination surexcitée se perd dans un mysticisme compliqué de folie et de convulsions.

Mais nous nous abstiendrons de rapporter les faits qui ne sont pas constatés par relations complètement authentiques; et par malheur le nombre de ceux qu'il n'est point permis de révoquer en doute est déjà trop considérable.

Le diable, les démons, le sabbat, l'enfer, telles sont en général les idées qui troublent la conscience des timides et des faibles. Le moyen-âge entassait dans ses légendes, sculptait au faîte de ses cathédrales, acceptait pour réels des êtres affreux, difformes, méchants, dont chacun avait peur et vers lesquels quelques-uns se tournaient, croyant rencontrer un secours sérieux dans l'aide puissante de ces créatures infernales.

Laissons-là ces dissertations et citons :

Voici en abrégé la vie de Madeleine de Cordoue, hallucinée :

Le diable lui apparut plusieurs fois dans son enfance et lui enjoignit d'abord de se vouer à la vie dévote, puis de se crucifier. Elle obéit, s'attachant par les membres à l'aide de clous enfoncés dans la muraille. Depuis, elle se nomme Madeleine de la Croix. Le diable prenait dans ses apparitions les formes les plus saintes, même celle de Jésus-Christ. C'est sous ces traits que le démon la prit pour fiancée. Elle s'accusait d'avoir écouté les séductions d'un chérubin déchu, nommé Balban, d'avoir fait un pacte exprès avec cet esprit et d'avoir cohabité avec lui pendant plusieurs années. La malheureuse fut prise, en 1543, d'at-

taques épileptiques, au milieu desquelles elle raconta ces odieuses imaginations à son confesseur.
Elle fut enfermée dans les cachots du Saint-Office; cependant, elle échappa à la mort et fut reléguée dans un couvent.

— La folie et les attaques nerveuses des nonnes de Brigitte durèrent près de dix ans. C'étaient d'ailleurs toujours les mêmes symptômes. La maladie se déclara d'abord sur une jeune religieuse qui avait pris le voile à la suite d'un désespoir d'amour. Sa folie fut contagieuse, elle et ses compagnes imitaient le cri des animaux, se tordaient dans l'église, tombaient en catalepsie. Effets que la science attribue aujourd'hui au célibat et à la claustration.

— Tout le monde se souvient de l'horrible histoire des religieuses de Loudun et de la mort d'Urbain Grandier, brûlé comme sorcier. L'enquête à la suite de laquelle le prêtre fut condamné, et qu'il faut lire tout au long soit dans le livre de M. Figuier, soit dans la remarquable étude de Michelet, prouve à n'en point douter que ces misérables hallucinées étaient pour la plupart de bonne foi.

Leur folie hystérique les plongeait dans les convulsions de l'épilepsie. Elles se tordaient, écumaient, laissaient entendre des propos incohérents ; il paraît même qu'elles ressentaient une vive passion pour Urbain Grandier, troublées en outre par les exorcismes qui ne faisaient que les surexciter, elles proféraient contre celui qu'elles aimaient les injures les plus atroces. La règle à laquelle elles étaient soumises, le célibat et la claustration développaient dans ces imaginations un mysticisme qui se traduisait par une continuelle invocation des démons. Elles ne voulaient, elles ne pouvaient reconnaître les eff..ts de l'hystérie dont elles n'avaient pas conscience; et lorsqu'on leur demandait si elles étaient possédées, elles répondaient affirmativement, sans avoir conscience du mal qu'elles faisaient. Et si certaines d'entre elles connaissaient l'imposture de leurs déclarations, d'autres ne comprenaient même point ce que c'étaient que ces démons auxquels ces exorcismes faisaient sans cesse appel.

— L'inquisition fit périr bon nombre de fous, entre autres une monomaniaque qui vint s'accuser d'avoir soulevé une tempête qui avait détruit toutes les récoltes.

« Je me suis engagée il y a longtemps, dit cette femme, et de mon propre gré, dans les liens du démon; depuis dix-huit ans, je pratique l'acte de chair avec un incube. C'est à ma scélératesse qu'il faut attribuer les maux qui viennent de frapper la population de ce pays. Le jour où la grèle a tout détruit, Satan m'est apparu dans ma maison, vers l heure de midi, et m'a annoncé qu'il avait l'intention de bouleverser toute la plaine de Ruppel en m'ordonnant de seconder ses projets. Je me suis acheminée aussitôt vers la campagne, emportant un peu d'eau dans un vase. En mettant le pied hors de la ville. j'ai aperçu le diable qui m'attendait sous un arbre. Tout de suite, j'ai répandu ma provision d'eau dans une cavité qui se trouvait à portée de ma main; j'ai prononcé des paroles sacramentelles en agitant l'index, tandis que Satan se trouvait debout à mes côtés, l'eau s'est levée en vapeur et la grèle qui s'est formée par le pouvoir du diable a été ensuite lancée sur les moissons et les vignobles. »

Cette folle fut brûlée vive.

— De 1491 à 1494, des religieuses de Cambrai

furent prises d'un délire qui fut attribué comme
d'habitude à la possession. Théomanes et hysté-
riques, ces filles couraient *comme des chiennes* à
travers la campagne, s'élançaient en l'air, grim-
paient aux arbres, contrefaisaient les cris des
animaux.

En résumé, vers cette période hystérique, les
filles réunies en communauté étaient sujettes à
une affection mentale épidémique qui leur faisait
croire qu'elles étaient tombées au pouvoir des
esprits malfaisants, et cette espèce de délire se
trahissait aux yeux des observateurs par une série
d'actes bizarres et extravagants.

— Un prêtre, dont parle Pic de la Mirandole,
prétendait, étant âgé de soixante-quinze ans,
avoir depuis quarante ans commercé avec une
succube qui le suivait partout, lui apparaissait
souvent dans la rue sous la forme d'une femme
Cette succube se serait nommée Hermeline.

— Voici un fait sérieusement rapporté par Fernel : Un jeune gentilhomme tombait parfois en convulsion, et ses membres étaient si violemment agités que quatre valets avaient peine à le contenir. Après plusieurs tentatives de traitements, on reconnut que c'était le diable qui était auteur de tout le mal, et l'épileptique l'affirma lui-même, se tordant lorsqu'on approchait de lui quelque objet consacré, et devenant furieux si on lui lisait quelques passages des Saintes-Écritures.

Fou, soit. Possédé, non.

— Bodin rapporte un fait qui donne la clef de toutes ces hallucinations :

Un homme, à force de s'exalter par la méditation, la lecture de la Bible, la contemplation, devint sujet, vers l'âge de trente-sept ans, à des sensations qui lui causèrent une grande joie : un

être surnaturel frappait, disait-il, à sa porte, lui
tirait les oreilles, lui adressait la parole, se mon-
trait à sa vue sous la forme de rayons lumineux,
chaque fois que Dieu se proposait de lui commu-
niquer quelques avertissements. Un matin, cet
esprit apparut sur ses couvertures, sous la forme
d'un enfant vêtu d'une tunique d'un blanc éclatant,
à reflets purpurins.....

— Une jeune fille, que le vertueux Amyot en-
treprit en vain de consoler et de guérir, aperçut
en priant sur la tombe de son père l'effigie d'un
homme noir; ce spectre n'hésita pas à confesser
qu'il n'était autre que Satan. Comme elle résista
à ses ordres, elle se vit bientôt assiégée par un
démon qui lui suggéra les actes les plus violents,
la poussant à vociférer, à se précipiter dans un
puits, à s'étrangler.

— La démonomanie était à ce point contagieuse qu'au dire de saint Augustin un prêtre fut pris de possession pendant qu'il exorcisait une vic-teme de Satan.

— En 1511, une fille élevée à Salamanque se livra avec tant d'ardeur aux exercices de l'orai-son et de la pénitence, que son esprit, affaibli par les austérités, en fut troublé et qu'elle tomba dans un état complet de démence. Elle préten-dait voir continuellement Jésus-Christ et la sainte Vierge, et leur parlaient devant tout le monde comme s'ils eussent été présents pour tous les as-sistants. Elle portait l'habit de béate ou de reli-gieuse du tiers-état de Saint-Dominique, se disait l'épouse de Jésus-Christ et persuadée que la sainte Vierge l'accompagnait partout, elle s'arrêtait à toutes les portes où elle voulait entrer, se rangeait comme pour céder le pas à quelqu'un qui aurait

2.

été avec elle, et assurait que la mère de Dieu la
pressait de passer la première, en qualité d'épouse
de Dieu, son fils. Elle était continuellement en
extase; la roideur de ses membres et de ses nerfs
était alors si grande pendant que ses mains et
son visage perdaient leur couleur naturelle, qu'il
semblait que ses doigts n'eussent plus d'articula-
tions. Les inquisiteurs entreprirent de lui faire
son procès, en examinant si les apparitions qu'elle
disait avoir et les discours qu'elle prononçait
dans ces circonstances ne devaient pas la faire
soupçonner d'hérésie; mais le roi et l'inquisiteur
général s'intéressèrent à elle, et la pauvre folle
fut sauvée.

— Le docteur Edeline, au temps des Vaudois,
s'efforça de faire comprendre que le culte des démons était imaginaire et qu'il y avait cruauté à
faire périr tant de gens que ces illusions des sens

entretenaient dans une funeste erreur de jugement. Par malheur, ses facultés se troublèrent, et traduit devant un tribunal de théologiens, il déclara qu'il s'était engagé de bonne heure à rendre un culte au diable; qu'il avait été transporté par un démon à certaines assemblées impies présidées par Satan, qui le visitait sous la forme d'un bélier noir, qu'il n'avait fait qu'obéir à ce nouveau maître en prêchant du haut de la chaire que la sorcellerie n'était qu'une invention chimérique, qu'il avait poussé l'immoralité au point de prostituer son corps à un incube.

— Dans la haute Allemagne, des hallucinées confessèrent qu'elles s'étaient prostituées à des incubes, les unes dès l'âge de douze ans, les autres à vingt ou trente ans, et qu'elles n'avaient consenti à se livrer à de pareils amants que pour se rendre plus criminelles aux yeux de Dieu.

— Les fous religieux étaient et sont encore plus que tous les autres portés à s'accuser de crimes qu'ils n'ont pas commis. On a vu une sage-femme de Bâle affirmer qu'elle avait fait périr plus de quarante enfants, une autre fit à Strasbourg les mêmes aveux. Et ce qui prouve l'hallucination, c'est que ces innombrables disparitions d'enfants passaient en quelque sorte inaperçues, sans que les familles s'en préoccupassent, ce qui est inadmissible.

— Le docteur Torralba (1528-1531), savant médecin, devint fou évidemment à force d'étude. Cette folie se manifesta ainsi : le docteur commença à apercevoir à ses côtés, au renouvellement de la lune, un être fantastique qui le suivait en voyage, qui causait avec lui dans la solitude; et Torralba fut certain dès lors qu'il s'était soumis un génie et un bon, pensait-il, puisque ses appa-

ritions avaient lieu même à l'église. Torralba fut
traduit devant l'archevêque de Tolède, qui l'ad-
jura de provoquer devant lui l'apparition du
génie. Le génie refusa de paraître.

Un jour, Torralba raconta que cet esprit l'avait
transporté en moins d'une seconde de Rome à
Venise.

Vers cette même époque, Torralba s'installa
une nuit, à la prère du cardinal Santa-Crux,
auprès d'une dame hallucinée qui se plaignait
des importunités d'un spectre. Ce spectre, disait-
elle, devait être celui d'un individu assassiné, au
moins la pâleur livide de l'apparition le lui faisait supposer. Torralba prétendit apercevoir
l'*ombre* d'un homme et l'*effigie* d'une femme; il
assura en même temps que ces fantômes articu-
laient des sons.

Torralba ne devait pas échapper à l'inquisition; il fut soumis à la torture, et jura qu'il

n'avait jamais usé de conjuration, qu'il n'était lié par aucun pacte, que son génie le visitait quand même dans son cachot, qu'il ne faisait rien pour l'y attirer. Torralba passa en prison de longues années. Pauvre fou.

— Nous avons déjà mentionné les aveux de quelques misérables aliénés.

Voici, entre les plus étranges, la confession d'une pauvre femme du XIII⁰ siècle qui avouait son commerce avec les démons :

« Nous accourons, dit-elle, et nous dérobons les cadavres d'enfants. Nous les jetons dans une marmite d'eau bouillante, et les os sont séparés de la chair devenue liquide et potable; avec les parties qui conservent encore un reste de consistance, nous composons un onguent dont la puissance est magique; à peine est-on enduit de cette graisse, qu'on se trouve transporté par l'air là où l'on désire se rendre ; les sucs liquides sont déposés dans des flacons ou dans des outres, à peine un novice a-t-il avalé quelques gouttes de cette sorte de bouillon, qu'aussitôt il se sent initié aux secrets de notre art et se trouve par son savoir à la hauteur des maîtres. »

—Mais rien n'égale peut-être cette effroyable épidémie de démonomanie qui, à la fin du XVIIᵉ siècle et au commencement du XVIIIᵒ, se répandit dans le midi de la Fragce. Nous voulons parler des Camisards :

Depuis le commencement de 1689, lit-on dans le *Théâtre des Cévennes*, pendant sept ans entiers, jusqu'à mon départ, j'ai vu dans le Velay quantité de personnes de tout âge et sexe qui tombaient dans des accès d'agitation de corps extraordinaires, pendant lesquels elles disaient diverses choses qui tendaient toujours à la piété, et particulièrement, elles exhortaient à la repentance......

Elles étaient averties d'une infinité de choses
particulières, soit pour leur propre conduite, soit
pour la sûreté des saintes assemblées.

Parmi les disciples de du Serre, trois jeunes
bergers, de huit, de quinze et vingt ans, Bompard, Mazet et Pascalin, se distinguèrent d'abord.
Ces enfants présidaient les assemblées. citaient à
leur tribunal les apostats, prêchaient, baptisaient, *mariaient, dirigeaient les peuples et déployaient dans toutes ces fonctions l'autorité des
Pères de l'Église.* Ils furent incarcérés, mais remplacés presque aussitôt par une multitude d'autres
inspirés, entre lesquels brillèrent principalement
Isabeau Vincent et Gabriel Astier. La première
vulgairement appelée *la Belle Isabeau* avait reçu
l'esprit prophétique d'*un inconnu* qui vint un jour
dans sa bergerie, prêcha et le lui laissa en partant.

On ne sait ce dont on doit le plus s'étonner, soit de cet état épidémique, soit des horribles excès qui s'ensuivirent pour la répression et pour la défense.

Mais reprenons les faits dès leur origine : En 1683, un vieux calviniste, nommé du Serre, de Dieu-le-Fit en Dauphiné, qui se rendait à Genève, pour les besoins de son industrie, y fréquenta les ministres protestants sortis de France. Ces ministres lui firent lire le livre de Jurieu, *De l'accomplissement des prophéties ou la délivrance prochaine de l'Église*. Du Serre fut frappé par cette lecture : Il paraît qu'en méditant l'ouvrage de Jurieu dans la solitude *il tomba dans l'extase* et que l'extase, contagieuse de sa nature, passa du vieillard dans ses enfants, qui, se dispersant, lors de la migration des troupeaux, au temps de la moisson, la propagèrent dans le Dauphiné, dans le Comtat et dans la Provence. Voilà comment du Serre se

3

trouve le père spirituel d'une multitude de petits prophètes dont à l'exemple de Samuel il aurait organisé une école sur sa montagne. C'est en effet avec sa femme, à qui il avait communiqué *le don de prophétie* rapporté par lui de Genève, que du Serre, au moyen de certaines pratiques d'une méthode déterminée, rendit des enfants prophètes à leur tour.

Cette libéralité porta ses fruits. Elle devint très-féconde, car de juin 1688 jusqu'à la fin de février 1689, il s'éleva dans le Dauphiné et ensuite dans le Vivarais cinq ou six cents religionnaires de l'un et l'autre sexe, qui se prétendirent prophètes et inspirés du Saint-Esprit. La secte des inspirés devint bientôt nombreuse, les vallées en fourmillèrent et les montagnes en furent couvertes. Il y avait une infinité de petits prophètes, on les comptait par milliers.

D'après M. Calmeil :

1º Les Camisards étaient inspirés parce qu'ils étaient *persuadés* qu'il existait en eux une lumière qui participait de l'essence divine, qui les illuminait et les incitait à prophétiser;

2º C'est l'oppression dont ils furent l'objet de la part du gouvernement de Louis XIV qui détermina leur *monomanie prophétique*;

3º Les enfants à peine sortis du berceau prophétisaient en parlant une langue étrangère, parce qu'ils avaient éprouvé des attaques de spasme suivies d'une sorte de *transport de l'entendement*, ou parce que leurs parents contribuaient à développer sur eux *l'exaltation des centres nerveux*;

4º L'hystérie et l'épilepsie peuvent seules produire des accidents pareils à ceux qui ont été signalés chez les Camisards;

5º Les Camisards n'obéissaient qu'à un puissant délire.

Ce qui devra toujours faire dire que les prophètes calvinistes étaient des monomaniaques, c'est que la violence du mouvement ressenti au moment du *raptus* par les instruments de la sensibilité physique et morale concourait par sa répétition à maintenir ces fanatiques dans la persuasion qu'ils étaient favorisés par la présence de l'Esprit-Saint et à entretenir indéfiniment chez eux la fermentation d'idées et de sentiments que n'éprouvent pas les personnes bien organisées.

C'était du reste plus que de la monomanie, c'était de la folie bien caractérisée avec tous les caractères de la démence furieuse. Et lorsque les persécuteurs vinrent encore surexciter ces aptitudes maladives, les faits les plus étranges se produisirent. Quand nous disons étranges, il faut bien entendre que, si quelque aliéniste se fut imaginé que l'inspiration n'entrait pour rien dans ces convulsions démoniaques, tout cet attirail diabolique eût été sans doute promptement réduit à néant.

Encore quelques détails :

Les inspirés, dit Brueys, avaient de certains saisissements extraordinaires qui les faisaient souvent tomber à terre, et pendant lesquels on les voyait dans des agitations de tête, de poitrine, et quelquefois de tout le corps, qui avaient quelque chose de surprenant..... Après qu'ils avaient été quelque peu de temps agités, ils se mettaient à parler, les uns d'une manière interrompue, en sanglottant, d'autres fort couramment avec beaucoup de feu et de facilité.

Avant de commencer son discours, la paysanne Jeanne, femme *extrêmement grossière*, tombait dans une espèce d'extase, son estomac se gonflait, elle se débattait la tête et s'agitait tout le corps. Revenue de ses agitations, qui finissaient par quelques sanglots, elle commençait son action.

Isabeau Charras déclare que, lorsque ces inspirés prêchaient ou exhortaient en public, leurs

agitations de corps n'étaient pas fort grandes et
ne duraient pas longtemps; et alors ils parlaient
avec beaucoup de feu, de courage et de facilité, en
sorte qu'on les aurait pris pour des prédicateurs
savants, éloquents et remplis de zèle, quoique
bien souvent ce ne fussent que des enfants ou de
pauvres simples paysans qui ne savaient seulement pas lire. Mais quand ils prédisaient les ju-
gements de Dieu et qu'ils disaient certaines choses touchant l'avenir, *il arrivait presque toujours
qu'ils tombaient d'abord à terre.* La tête, les bras,
la poitrine et le corps souffraient quelquefois de
grandes secousses; une certaine difficulté qu'ils
semblaient avoir de respirer, ne leur permettait
pas de parler avec facilité. Dans le temps de l'inspiration, ils parlaient *toujours français, encore
qu'ils ne fussent pas capables de le faire dans un autre temps.* Quand ils recevaient des avertissements
de l'Esprit, ils s'exprimaient comme si ce même

Esprit divin eût parlé à eux, en disant *je te dis* ou
je te déclare, mon enfant, etc , ou quelque chose de
semblable.

Un auteur protestant moderne a résumé en ces
termes ce qui précède : « Plusieurs de ces extati-
ques tombaient comme morts, d'autres restaient
debout, haletants, quelques-uns étaient à peine
agités, mais presque tous éprouvaient de violents
transports, accompagnés de soupirs, de sanglots,
de gémissements parfois, et même de ruisseaux
de larmes : On eût dit une lutte ou le prophète se
débattait sous l'étreinte de l'Esprit, qui, victo
rieux enfin, le domptait, le maîtrisait et le forçait
à prononcer l'oracle. Il s'adressait directement au
prophète et toujours ainsi : *Je te dis, mon enfant ;
je t'assure, mon enfant.* C'était la formule consa-
crée de toute révélation *toujours rendue en français*, qui était comme la langue sainte. L'inspira-

tion passée, le prophète reprenait l'idiome des Cévennes.

N'oublions pas que de nos jours il s'est trouvé des gens assez fous eux-mêmes pour vouloir prouver la réalité de l'inspiration des Camisards. Si ces gens sont de bonne foi, ils sont de la famille de ceux qui brûlaient les sorciers et les démoniaques. Ce sont des évadés de l'Inquisition. Par bonheur, la science a parlé, et sa voix couvre la leur.

Tout ce que nous venons de rappeler se retrouve dans l'histoire des Albigeois et des malheureux Vaudois. Même folie déclarée chez certains hommes, exploitée par des agitateurs ou des sectaires, et aboutissant, comme toujours, à de funestes répressions.

— Mais, et c'est ici surtout que nous allons justifier notre titre de *Curiosités*, nul ne se doute que de notre temps, en l'année actuelle, il se trouve encore des fous démoniaques, des hommes pour étudier ces phénomènes au point de vue de la religion, des écrivains pour rédiger des volumes sur les rapports surnaturels de l'homme et du démon, des éditeurs et des imprimeurs pour les publier.

Ici, il ne faut plus que sourire, car, par bonheur, les bûchers sont éteints. Mais certains publicistes ont, avec raison, réclamé une enquête judiciaire sur les faits dont nous allons parler; il ne paraît pas qu'il ait été fait droit à ces justes demandes. Quoi qu'il en soit, l'histoire de Cantianille, qui, au moyen âge, eût grossi le nombre des malheureuses qui, comme la Cadière, furent brûlées vives, rentre trop dans notre cadre pour que nous la passions sous-silence.

C'est M. M.-J.-C. Thorey, prêtre du diocèse de Sens, qui parle :

3.

« Le démon voulant s'emparer de Cantianille, l'avait fait tomber, dans sa plus tendre enfance entre les mains d'un prêtre, membre d'une association de possédés, fondée *pendant la Révolution de* 1793. Livré au démon à dix ans, par un acte qu'il avait mille et mille fois ratifié, il s'était voué au mal avec une fureur infernale...

« Donc ce prêtre met Cantianille en relation avec les démons, et elle signe un pacte dont voici la teneur :

« Aujourd'hui, jour de la Fête-Dieu, jeudi 6 juin 1840, moi, Cantianille, après avoir eu plusieurs entrevues avec Ossian, Lucifer et toute la légion, après avoir mûrement réfléchi aux conséquences de l'acte que je fais, je jure et promets de renoncer au ciel et à Dieu. Je prends les démons pour maîtres et seigneurs. Je veux les adorer et leur rendre le culte qui n'est dû qu'à Dieu. Je veux le haïr dans l'éternité, ce Dieu que je déteste. Ceci

est mon premier pacte ; je le fais librement et vo-
lontairement, après de mûres réflexions. Je veux
être à toute la légion, pour la vie et l'éternité. Je
jure de faire un nouveau pacte tous les mois. Je
veux qu'il n'y ait jamais existé, qu'il n'existe jamais une femme qui soit aussi coupable que
moi.

« Minuit, chapelle du couvent, à ...., 6 juin
1840, jour de la Fête-Dieu.

« CANTIANILLE. »

Elle avait seize ans quand elle fit ce premier
pacte. M. Thorey ne l'arracha au démon que
vingt-six ans après.

La folie est de plus en plus caractérisée. Cette
misérable hystérique prétend qu'elle pouvait se
rendre invisible, se transporter en un instant à
de grandes distances. Son corps était incessamment agité de convulsions. Et cependant sa rai-

son avait parfois des éclairs, bientôt disparus dans la nuit du mysticisme.

« Si Dieu, continue le prêtre Thorey, profitait de ces moments d'amour ardent pour la combler de faveurs, le démon, de son côté, profitait de ses accès de désespoir pour lui faire contracter une foule d'engagements. — Promesse de se donner à lui corps et âme. — Promesse de ne jamais prier. — Promesse de ne jamais se confesser, — de ne jamais prendre d'eau bénite, etc. Quelquefois, Cantianille criait grâce ; elle le suppliait de de ne pas être si exigeant, et le monstre, s'il la laissait reposer quelques jours, ce n'était que pour la poursuivre avec plus d'acharnement ensuite. Non-seulement, tous les mois, comme elle l'avait promis d'abord, mais bien plus souvent, pour toutes les fêtes, il lui faisait renouveler ses promesses, rétracter d'avance tout ce que, plus tard, elle pourrait faire pour les rompre. — « Tu veux

« me lier à toi, écrivait-elle un jour, d'une ma-
« nière si extraordinaire que rien ne puisse plus
« nous séparer. Tu as déjà *quatre-vingt-quatorze*
« pactes, et je n'ai encore que dix-neuf ans. Com-
« bien en auras-tu à trente ans ? » En effet, le
nombre de ces liens augmentait rapidement ; mais,
de temps en temps, elle s'en faisait rendre plusieurs, pour les remplacer par un seul. »

« M. Thorey, non moins fou que Cantianille,
croit plus que jamais à l'existence des possédés
Voici ce qu'il raconte entre parenthèse :

« Dans le diocèse de Séez, à peu près à la même
époque où Cantianille fut livrée au démon, une
malheureuse femme qui se disait, et qui *était réellement* possédée de sept démons, s'était attirée la
compassion d'un excellent prêtre, au point que,
pour sa délivrance, il avait tout sacrifié, Or, les
démons se transformaient en anges de lumière,
et, prenant les noms de Jésus, de la sainte Vierge

et des anges, faisaient par elle à ce prêtre, qui ne
sut pas les reconnaître, les révélations les plus
étonnantes. Ces choses extraordinaires ayant at-
tiré l'attention de *la police*, pour faire tout cesser,
l'évêque transféra ce prêtre dans une autre paroisse, et là, les mêmes faits se renouvelèrent peu
après... »

On se demande quel abîme de turpitude ca-
chent ces prétendues possessions et ces prétendus
exorcismes. Comment la police intervient-elle un
instant pour permettre que les mêmes faits se re-
nouvellent peu après?

Mais revenons à Cantianille : l'aliénée, exploitée par un prêtre aussi insensé qu'elle-même,
fait les révélations les plus extravagantes. Elle
reçoit des lettres du démon et elle lui répond.

—« Quand ces lettres me venaient par la poste,
dit M. Thorey, l'adresse était à peu près convena-

ble, quoique aussi mal écrite que le reste ; mais quand le démon les mettait dans le bureau ou dans la poche de Cantianille, pour qu'elle me les apportât elle-même, voici d'ordinaire comme il me les adressait : « A toi, infâme scélérat, voleur, « monstre, à toi cette lettre qui va t'effrayer ! — « ou, — Au plus infâme de la terre et de mon « royaume, à toi, Charles, qui m'adoreras ; tu flé- « chiras les genoux devant moi, prince des en- « fers. » — Lucifer était *plus poli :* « Au frère de Cantianille, m'écrivait-il un jour, « à Charles « que je maudis. » — Quelquefois l'adresse était comme le résumé de la lettre elle-même : « Os- « sian et Lucifer à Charles : Victoire ! nous au- « rons un pacte avant deux heures. »

« Pour former l'empreinte du cachet, Ossian appuyait dessus deux de ses griffes, puis il les déguisait le mieux possible en aplatissant la cire de chaque côté. Pour le timbre-poste, il ne l'oubliait jamais ; et comme un jour, Cantianille en était restée dépourvue, précisément pour qu'il ne pût pas lui en prendre, il en vola à une de ses élèves. Depuis lors, voyant qu'il lui fallait se résigner aux frais de ces affranchissements, elle en eut constamment à sa disposition. »

Qui trompe-t-on ici? doit-on se demander.

Quoi qu'il en soit, c'est là de l'aliénation mentale, et la mieux caractérisée. Nous n'irons pas plus loin dans cette écœurante relation. Cela s'est imprimé de nos jours, avec la signature déjà indiquée de M. l'abbé M.-J.-C. Thorey, prêtre du diocèse de Sens.

— La folie religieuse a été, au moyen âge, l'une des plus fréquentes. Les imaginations frappées évoquaient des visions; la terreur faisait surgir des spectres, et la crainte des châtiments éternels bouleversait les intelligences.

Ce mal est moins fréquent aujourd'hui, et, on doit le dire, c'est au traitement plus humain auquel sont soumis les aliénés que l'on doit de voir se développer en proportion numériquement moindre, ces attaques de folie furieuse qui ont si longtemps dérouté les aliénistes.

LA FOLIE-MEURTRE

III.

LA FOLIE-MEURTRE.

L'exaltation religieuse a produit ces terribles effets dont nous avons relaté nombre d'exemples. L'atroce et l'antinaturel ont toujours surexcité les imaginations ; après le désir de connaître les secrets du monde céleste ou diabolique, il faut placer nécessairement l'ivresse du sang, cette passion qui pousse l'homme à détruire son semblable, à boire son sang à se repaître de sa chair, soit que cette ivresse se développe par le fait même d'une disposition maladive, soit qu'il ne soit que la résultante de circonstances exceptionnelles. Les romanciers se sont emparés de cette étrange subversion des facultés ; ainsi Eugène Sue, dans les *Mystères de Paris*, nous montre le chourineur, généralement doux et humain, se laissant emporter à certains moments par l'ivresse du sang qui lui monte au cerveau.

Le sang est comme le vin, comme la poudre.

Son odeur produit sur l'organisme un effet délirant. L'homme voit *tout en rouge*, ses yeux se troublent, ses prunelles deviennent sanglantes, il frappe, il tue, il écorche, ne voyant plus, n'entendant plus, ayant dans les oreilles un bourdonnement de mort, de cris, de malédictions.

Et après tout, à quelle impression momentanée obéissent donc les soldats dans la bataille, surtout à l'arme blanche ? Sinon à cette ivresse du sang passagère chez eux, il est vrai, et qui s'efface avec les circonstances qui l'ont fait naître, mais réelle cependant et connue de tous ceux qui se rendent des choses un compte exact.

— Les fous meurtriers ont paru à toutes les périodes de l'histoire. Nous nommerons d'abord :

LES LYCANTHROPES.

— Vers l'an 1600, le procureur d'office de la Roche-Chalais fut averti qu'une bête sauvage, qui semblait être un loup, s'était jetée en plein jour sur une jeune fille âgée de 13 ans, et qu'un jeune garçon de 13 à 14 ans, nommé Jean Grenier, se vantait que c'était lui qui s'était jeté sur cette jeune fille, après s'être changé en loup, et qu'il l'eût mangée si elle ne se fut défendue avec un bâton.

On informa. La jeune fille dit qu'elle gardait ordinairement le bétail avec Jean Grenier, qu'elle lui avait entendu dire souvent qu'il devenait loup quand il voulait, qu'il avait pris et tué des chiens, qu'il avait mangé de la chair de ces animaux et bu leur sang ; mais que le sang des jeunes enfants et des jeunes filles valait mieux, qu'il avait tué peu de temps auparavant un enfant, et plus récemment une fille dont il avait mangé la plus grande partie ; enfin la jeune fille rendit compte de la tentative dont elle avait été l'objet.

Jean Grenier, conduit devant le juge, convint ou plutôt déclara spontanément qu'il s'enveloppait quelquefois d'une peau de loup, qu'il *courait au bas de la lune* le lundi, le vendredi et le samedi, qu'il s'était donné dans la forêt à un homme noir qui l'avait embrassé et dont la bouche était extrêmement froide.

Aux questions qui lui furent adressées, au sujet des enfants qu'il disait avoir tués et mangés il répondit qu'une fois, en allant de Coutras à Saint-

Anlaye, il entra dans une maison où il ne se trouva qu'un enfant d'un an, dans le berceau ; qu'il prit cet enfant à la gorge, l'emporta derrière une palissade du jardin, en mangea tant qu'il voulut et donna le reste à un autre loup qui était auprès.

Qu'une autre fois, vers la paroisse Saint-Antoine, il se jeta sur une jeune fille qui gardait les brebis, la tua et en mangea une partie.

Que dix semaines auparavant, il avait pris une jeune fille près d'une carrière, qu'il l'avait entraînée dans les bruyères et l'avait mangée.

Enfin il dit qu'un jeune garçon, qu'il nomma, avait été aussi embrassé par l'*homme noir*, et courait avec lui, après s'être également couvert d'une peau de loup et s'être graissés l'un et l'autre d'une pommade que l'homme noir leur avait donnée.

On informa, à l'effet de savoir si pendant le

temps que l'accusé confessait avoir mangé des
enfants, il y en avait eu de mangés dans les villages qu'il nommait. On apprit qu'il y en avait
eu de mangés. Les parents furent entendus ainsi
que les témoins. Les dépositions se trouvaient
parfaitement conformes et pour l'action et pour
le lieu et pour les autres circonstances du
temps, de la forme du *loup-garou*, des blessures,
des secours que les parents ou autres avaient
donnés aux enfants blessés, des paroles qui
avaient été dites par les personnes qui criaient:
Au loup! des armes et des bâtons qu'avaient ces
personnes; enfin des moindres particularités.

Le parlement de Bordeaux, saisi de cette affaire,
considérant que Jean Grenier était stupide et
idiot, que les enfants de sept à huit ans ont ordinairement plus de jugement que lui;

Qu'abandonné et chassé par son père et par une
marâtre, il courait les champs sans guide et sans

que personne eût soin de lui et l'instruisît dans la crainte de Dieu ;

Que les religieux auxquels il avait été confié depuis son arrestation témoignaient qu'il détestait son crime, qu'il pleurait et se repentait,

A condamné Jean Grenier à être mis et renfermé, toute sa vie, dans un couvent, pour y servir comme domestique, et lui a défendu de sortir de ce couvent sous peine d'être pendu et étranglé !

Sept ans après cette condamnation, Pierre de Lancre, conseiller au parlement de Bordeaux, alla visiter Jean Grenier. Voici ce qu'il dit :

Je trouvai que c'était un jeune garçon de 20 à 21 ans, de taille médiocre, ayant les yeux hagards, petits et enfoncés, paraissant honteux de ce qu'il avait fait et n'osant regarder personne en face. Il était un peu hébété ; cependant il entendait et exécutait promptement les ordres qui lui étaient donnés.

Il confessa qu'il avait été *loup-garou*, mais s'empressa de dire qu'il ne l'était plus.

Il avait une merveilleuse aptitude à aller à quatre pattes. Celui qui se fût trouvé au-dessous du plancher de la chambre dans laquelle je le faisais courir, eût cru entendre un chien. Il allait aussi vite qu'un chien qui fuit; s'il se retournait, j'avais peine à suivre son mouvement tant il était prompt. Dans le jardin, il bondissait aussi adroitement et sautait aussi légèrement un petit fossé que l'aurait pu faire un limier.

Il confessa qu'il avait encore de l'inclination pour la chair des petits enfants et surtout des petites filles, et qu'il en mangerait si cela ne lui était défendu. Les religieux dirent que dans les premiers temps de son séjour au couvent, ils l'avaient vu manger en cachette des entrailles de poisson.

Il mourut en 1610, peu de temps après la visite de Pierre de Lancre.

— Il est évident que cet homme était affecté de la folie-meurtre. Se rendait-il un compte exact de ce qu'il faisait? Était-il coupable des actes odieux auxquels il se livrait? Nul, dans sa conscience, n'oserait l'affirmer.

Les lycanthropes avaient et ont encore en Hongrie aujourd'hui (voir Nodier) l'esprit tellement oblitéré qu'ils sont les premiers à s'accuser de forfaits imaginaires.

Donnons encore un exemple.

— Pierre Burgot, dit Grand-Pierre, déclara lui-même devant l'inquisition qu'il appartenait, depuis neuf ans, à la secte des adorateurs du démon : qu'il s'était laissé embaucher un jour de foire, *à la suite d'un orage affreux* qui avait dis-

4.

persé tous les bestiaux et jeté les villageois dans
la consternation. Un cavalier vêtu de noir lui
était apparu, se faisant connaître pour un servi-
teur de Belzebuth, et lui proposa de s'enrôler sous
la bannière de Lucifer. Il accepta et, depuis ce
temps, renonça à toutes pratiques religieuses.
Cette liaison diabolique avait pour but de la part
de Pierre l'obtention de richesses. Cet homme dit
s'être vu lui-même sous la forme d'un loup; il
marchait, affirme-t-il, à quatre pattes, ses membres étaient velus et couverts de longs poils; il
parcourait l'espace avec la rapidité du vent.....
Une nuit, il attaqua à belles dents, aussitôt qu'il
se sentit transformé en bête féroce, un jeune
garçon de six à sept ans; mais l'enfant se dé-
battit tant et si bien que force lui fut de l'aban-
donner. Il affirme d'ailleurs avoir réussi à tuer et
à dévorer un certain nombre de femmes ou d'enfants.

— En 1541, à Padoue, un homme, qui se croyait changé en loup, courait la campagne, attaquant et mettant à mort ceux qu'il rencontrait. Après bien des difficultés, on parvint à s'emparer de lui. Il dit en confidence à ceux qui l'arrêtèrent : « Je suis vraiment un loup, et si ma peau ne paraît pas être celle d'un loup, c'est parce qu'elle est retournée et *que les poils sont en dedans.* Pour s'assurer du fait, on coupa ce malheureux sur diverses parties du corps. On lui emporta des lambeaux de chair, si bien que le misérable mourut des suites de ces blessures.

— Le 20 juin 1823, un individu du nom de Léger quitte la maison paternelle, sous prétexte de chercher une place de domestique, n'emportant avec lui qu'une somme de cinquante francs et les habits qui le couvraient. Au lieu de rentrer chez lui, il gagne un bois distant de plusieurs lieues, le parcourt pendant huit jours pour y chercher une retraite, et, au bout de ce temps, découvre une grotte au milieu des rochers et y établit sa demeure. Un peu de foin compose son lit. Pendant les quinze premiers jours, il dit avoir vécu de racines, depuis d'épis de blé, de groseilles et d'autres fruits qu'il allait cueillir à la lisière du bois. Une nuit, il vole des artichauts. Ayant un jour surpris un lapin sur une roche, il l'a tué et mangé *cru* sur-le-champ.

Cependant, au milieu de sa solitude, de violentes passions l'agitaient; il éprouvait l'horrible besoin de manger de la chair humaine, de s'abreuver de sang. Le 10 août, il aperçoit à la lisière du bois une petite fille; il court à elle, lui passe un mouchoir autour du corps et s'enfonce à pas précipités dans le bois; il jette sa victime sur l'herbe, la viole et *lui mange le cœur!*

— Un individu dont parle Berthollet fut arrêté dévorant un cadavre inhumé le matin même.

LES MEURTRIERS.

En 1536, en un village de Silésie nommé Kukendorft, une femme tua trois enfants et se tua elle-même.

— Le 20 novembre 1551, à Uveidenhaussen (Hesse), une femme ferma les portes de sa maison, prit une hache et se jeta sur son fils, âgé de huit ans. Le pauvre petit s'enfuit daus la cave et se cacha derrière un tonneau. Elle allume une lampe et parcourt la cave en cherchant de tous côtés· Elle trouve l'enfant qui se jette à ses pieds, pleure, la supplie, lui demande grâce. La folle lève la hache et lui fend la tête; puis elle court vers sa petite fille, âgée de cinq ans, elle frappe, elle

tue. Elle saisit par les cheveux un petit garçon
de trois ans, le traîne dans la cour et lui abat la
tête d'un coup de hache. C'est l'ivresse du sang ;
un enfant de dix mois subit le même sort. Alors
la misérable, à laquelle il faut du sang, se plonge
un couteau dans la gorge.

— En 1550, un paysan, Adam Heckmann, se
grise, joue et perd tout son salaire. Il revient chez
lui dans l'intention de se tuer ; il se prépare à se
pendre : sa petite fille de sept ans s'approche de
lui et lui demande : Que fais-tu là, père? La folie
sanglante saisit cet homme, il tue l'enfant.

— L'*Europe* signalait dernièrement un triple
crime qui ne peut être imputé qu'à un accès de
folie :

La femme d'un menuisier a coupé la gorge avec
un rasoir à ses deux enfants, à un garçon de six

ans et à une petite fille de cinq semaines, pendant que son mari était à l'église. Elle se coucha ensuite sur son lit à côté des cadavres et se coupa également la gorge.

— En 1578, Barbe Doré, mariée à un laboureur des environs de Soissons, coupa avec sa serpe la tête de sa propre fille et la tête d'un enfant appartenant à sa voisine. Conduite devant le bailli de Cœuvre, elle déclara que le diable, qui lui était apparu sous l'aspect d'un homme noir, l'avait poussée, en lui montrant l'instrument coupant, à commettre ce double crime.

— A peu près à la même époque, une femme déclara devant les juges de Milan qu'elle avait étranglé et mangé un enfant à l'instigation d'un démon.

N'est-ce pas à la folie-meutre qu'il faut attribuer les atrocites commises par certains hommes dont le nom est venu à l'exécration des siècles.

Parmi les empereurs romains, combien d'individus sont qualifiés de monstres qui n'étaient après tout que des aliénés dont la folie avait pour cause l'orgueil et l'excès du pouvoir.

Prenons comme exemple Néron, le plus haïssable de tous, et laissons la parole à M. Paul de Saint-Victor (*Hommes et dieux*).

— Il est curieux d'observer la démence croissante de cet halluciné du pouvoir. Son cerveau se ramollit à mesure que s'endurcit son cœur. Son masque d'histrion finit par dévorer les contours césariens qu'avait gardés sa figure. Dans les trois dernières années de son règne, ce n'est plus qu'un mime effréné qui contrefait les dieux. Il n'a plus même la politique du meurtre, la courte mais droite logique du poignard ; il tue à tort à travers,

par crises, par accès, sans motif, et comme pour
satifaire un besoin physique de-tempérament.
Ses luxes, ses vices, ses orgies, ses caprices tournent à l'hyperbole orientale. Étant un monstre,
il vise au monstrueux. Ses désirs sont des chi-
mères qui cherchent leur proie. Il remplit Rome,
la ville positive, des fantasmagories du despotisme asiatique. Pour la refaire, il la brûle ; et,
sur les ruines de ses quartiers incendiés, il se bâ-
tit la *Maison d'Or*, un palais qui envahit trois des
Sept collines, qui a des lacs pour pièces d'eau,
des plaines et des forêts pour jardins, dont les
souterrains mêmes sont couverts de fresques, dont
les salles lambrissées d'ivoire tournent avec un
mouvement de sphère et répandent des pluies de
parfums par leurs voûtes changeantes comme le
ciel. Il pêche dans des filets dorés ; il ferre d'argent ses mules et ses buffles ; il alloue cinq cents
ânesses à la baignoire de Poppée ; il épouse so-

5

lennellement un eunuque; il se promène dans un
vaisseau d'ivoire sur l'étang d'Agrippa, entre
deux rangs de groupes obscènes posés sur les
rives. Un de ses jeux est d'avilir les fiertés et de
souiller les pudeurs. Il mêle les matrones avec
les courtisanes; il fait battre des sénateurs contre
des gladiateurs, et monte un chevalier romain sur
un éléphant. »

— Qui oserait dire que cet homme n'était point
fou, comme tel autre qui faisait paver de diamants une cour, au pied de la tour d'où il devait
se précipiter dans le vide. — Cet autre qui nommait son cheval consul. — Ce troisième qui en-
graissait ses murènes avec la chair des esclaves.

Ces êtres monstrueux, dont la tête était trou-
blée par les adulations sans nombre dont ils
étaient l'objet, dont la conscience était endormie,

n'obéissaient plus qu'à des instincts brutaux dont ils n'étaient plus maîtres eux-mêmes.

La folie du sang a d'ailleurs d'autres causes encore, et l'âpreté d'un préjugé sauvage peut développer chez des êtres faibles, tels que des femmes, les passions les plus terribles et les plus effrayantes.

N'est-ce pas une vraie démence que l'acte par lequel les mères corses s'engagent à poursuivre la vendetta.

Voici ce que nous lisons encore dans Paul de Saint-Victor :

La mère jure de tailler à son fils un gilet rouge dans la chemise sanglante de son père, pour qu'il porte, jusqu'à ce qu'il l'ait vengé, les couleurs du meurtre. Les femmes veulent recueillir le sang de leurs maris et le répandre goutte à goutte par le pays, comme un poison mortel. La soif de la vengeance tourne à la rage dans quelques-uns de ces chants, ou plutôt à une cruelle hystérie. Cela tient de la possession de la démoniaque et du délire de la Pythie s'agitant sur son noir trépied. C'est la violence de l'idée fixe exaltée par l'imagination de la femme, et par l'instinct du talion spécial à la race. C'est Némésis « tout entière à sa proie attachée. » Les femmes corses naissent vengeresses comme les Spartiates naissaient héroïnes. La religion, si fervente chez elles, s'efface alors, abolie par le culte qu'elles viennent d'embrasser. »

— Nous verrons plus loin, en parlant du suicide, ce que peut produire la folie-meurtre, se retournant en quelque sorte contre l'individu lui-même.

LA FOLIE-SUICIDE

IV.

LA FOLIE-SUICIDE.

Nous citerons en premier lieu le fait le plus étrange qui se soit produit dans les temps modernes :

M. Couvreux, homme de cinquante-quatre ans environ, avait élu résidence, depuis quelques années, dans un hôtel de Castellamare, sur la charmante hauteur de *Quisisana* (Ici-l'on-guérit). Pour le public, c'était un simple maniaque doux; sa manie était même voilée par le goût de la littéra-

ture et des arts ; il jouait du piano, il composait
des romances.

Au fond, M. Couvreux était en proie à deux
idées fixes : vivre chaste, mourir sans souffrir. La
première impression l'avait engagé à imiter le
célèbre sacrifice d'Origène : la seconde l'engagea
à se guillotiner.

Il lut tout ce qui a trait au supplice de la guillotine. On a trouvé chez lui des pages usées, où
l'on examinait si la tête du guillotiné voit et sent
après l'exécution. Il y a lieu de supposer qu'il ar-
riva à la persuasion que ce genre de mort était
doux.

Dans cette pensée, il dressa une belle guillotine,
dans la porte qui séparait son salon de sa chambre
à coucher. La partie essentielle de son invention
était une hache mobile, sur le manche de laquelle
pesaient 60 kilogrammes de plomb. Il essaya
l'instrument sur plusieurs animaux. On se rap-

pela plus tard qu'il avait souvent emporté dans sa chambre des chats, des volailles, qui n'avaient plus reparu.

Quand il se fut bien assuré de l'excellence de sa machine, il l'orna. Il l'encadra de deux rideaux rouges, élégamment entr'ouverts. Entre les rideaux, sous le couperet, il dressa solidement une table, avec des marches, le tout couvert d'une tapisserie noire. Un coussin moelleux et blanc fut placé par lui vers le coin de la table où devait reposer la tête coupée par le tranchant de la hache.

Tout cela bien préparé, vers neuf heures et demie du soir, il joua sur son piano une *hymne à la Vierge,* de sa composition ; il était vêtu de flanelle blanche ; il monta les degrés de son petit échafaud, et se coucha sur le dos, les yeux en l'air, de façon à voir tomber sur son cou l'instrument de mort.

Il semble que, pour mieux voir, il avait placé
expressément une lumière sur un meuble tout
voisin. Il détacha la corde qui tenait la hache
suspendue : la hache descendit, et d'un seul coup
lui trancha la tête... La tête, sans bondir, s'éloigna
fort peu du cou, et resta, dans une position régulière, sur le coussin blanc d'avance préparé.

Quand on entra dans la chambre, le lendemain
matin, et qu'au milieu d'une profonde horreur,
on eut constaté toutes ces circonstances, on trouva
sur une table un testament, par lequel un certain
nombre de milliers de francs étaient attribués
aux gens de l'hôtel.

C'est ce testament qui fut l'objet d'un procès
devant le tribunal civil de Castellamare. Les parents de M. Couvreux attaquèrent le testament
comme l'œuvre de la folie; les gens de l'hôtel en
soutinrent la validité. Il paraît qu'en France, un
autre testament de ce monomane avait été dé-

claré nul. La question fut de savoir si un tribunal français peut faire jurisprudence pour le tribunal de Castellamare.

— Un homme âgé de quarante ans, conduit à l'hôpital de Vienne, se disait un très-grand pécheur, et voulait aller aussi promptement que possible subir les peines de l'enfer qu'il avait méritées. Il priait Dieu le jour et la nuit. Son gardien l'ayant quitté un instant, il ferma la porte de sa loge, retint la clef en dedans et mit le feu à son lit. Bientôt, environné de flammes, il s'écria : Oh! que je suis heureux! je paye enfin ma dette pour tous les crimes que j'ai commis! Comme la porte était très-solide et la fenêtre garnie de barreaux de fer, on ne put lui porter secours assez tôt. Déjà l'incendie menaçait d'envahir la maison, déjà on sentait une odeur qui annonçait que le malheureux brûlait, lorsqu'un militaire, entré à l'hôpital pour une blessure au bras gauche, accourut et, doué d'une force d'hercule, avec sa main droite, il arracha les barreaux. Le malade à demi brûlé sortit tout furieux de sa chambre et se jeta sur son libérateur, qui ne put qu'à grand'peine le renverser. Le fou était brûlé jusqu'aux os et mourut au bout d'une demi-heure. &

— A Vienne, une jeune fille de dix-sept ans, mademoiselle S..., appartenant à une honorable famille, et qui avait quitté depuis peu le pensionnat, devait célébrer, le 24 au soir, ses fiançailles avec un jeune docteur de Prague. A neuf heures, tous les préparatifs de la fête de famille étaient terminés et tous les invités étaient réunis; il ne manquait plus que la fiancée. Une femme de chambre reçut l'ordre de la chercher; elle revint dire que la chambre de mademoiselle était fermée à clef. On crut que la jeune fille était occupée à faire sa toilette, et l'on attendit. Cependant, comme elle ne vint pas au bout d'un certain temps, sa mère alla à son tour frapper à sa porte, mais sans plus de succès que la femme de chambre. Elle n'obtint aucune réponse.

Elle appela aussitôt son mari, qui prit alors le parti de faire forcer la porte de l'appartement de sa fille. Un horrible et incroyable spectacle s'offrit aux regards des parents consternés. Au milieu de la chambre de mademoiselle S... s'élevait un tas de bois en flammes, en partie déjà consumé et sur lequel était assise la jeune fille, dont l'intention était de mourir sur ce bûcher.

On arracha aussitôt aux flammes la malheureuse dont les jambes étaient atteintes de brûlures, et on la transporta dans un autre appartement, où on lui demanda le motif de sa terrible résolution On n'obtint d'autre réponse que celle-ci :

« Je ne puis rendre malheureux le docteur, je mérite le bûcher, il faut que je meure sur le bûcher. »

———

LA MONOMANIE DE LA MORT

V.

LA MONOMANIE DE LA MORT

D'autres fous ne vont pas jusqu'au suicide; mais les idées funèbres envahissent leur cerveau. Ils ont été frappés par la terreur de la mort, et dans leur effroi, ils ne peuvent éloigner de leur imagination ces tableaux qui les font souffrir et leur répugnent.

Voici quels furent les derniers moments de Charles II, roi d'Espagne :

Sa décadence physique prit, dans ses dernières années, l'aspect d'une dissolution; son corps n'était qu'un nœud de maladies compliquées : à

trente-huit ans, il avait le masque d'un octogé-
naire. Un portrait de Careno, peint vers cette
époque, le montre à l'état presque cadavérique :
les joues creusés, l'œil fou, les cheveux pendants,
la bouche convulsée. Un effarement de visonnaire
idéalise cette tête ravagée : on croit voir Hamlet,
au cinquième acte du drame. Aucune horreur ne
manqua à son agonie. Pour achever sa raison
blessée, la camarilla le livra de nouveau aux ma-
giciens et aux exorcistes. Le diable fut évoqué et
interrogé devant lui; il affirma que la maladie
du roi était produite par un sortilége, une drogue
composée par un cerveau humain et administrée
dans du chocolat, avait désséché ses nerfs et vi-
cié son sang. Pour guérir du philtre infernal, il
devait avaler chaque jour une tasse d'huile con-
sacrée. L'inquisition intervint et arrêta les sorciers; elle surprit le confesseur du roi dans cette
sombre intrigue; mais Charles ne se remit plus

de ce cauchemar; comme Oreste aux furies, il appartint dès lors aux démons. La nuit, trois moines psalmodiaient autour de son lit, pour en chasser les fantômes. Lorsqu'il se levait de ce lit de vertige, c'était pour errer des journées entières dans les sierras qui environnent l'Escurial, pareil à ces âmes en peine qui rôdent autour de leur sépulture.

La folie lui donnait le prestige de l'enfance et de l'innocence. Un jour pourtant, le peuple de Madrid, affamé par des ministres accapareurs, envahit la cour du palais et demanda à voir le roi. La reine parut au balcon et dit que le roi dormait. « Il a dormi trop longtemps, — s'écria une voix partie de la foule, — il est grand temps qu'il se réveille. » Alors la reine se retira en pleurant, et quelques instants après le roi apparut. Il se traîna vers la fenêtre d'un air égaré, et salua son peuple en remuant les lèvres. Un grand silence se fit comme dans la chambre d'un mourant ; puis des cris d'amour s'élevèrent de cette multitude qui, tout à l'heure, hurlait de colère. Elle salua celui qui allait mourir et se dispersa tranquillement.

— Nous ne mentionnerons que pour mémoire les tortures atroces éprouvées par Louis XI, lorsque la mort s'approcha de lui. Monomaniaque et furieux, il ne permettait pas qu'on parlât devant lui de la dernière heure, et l'on se souvient de l'habile subterfuge de ce devin, en danger de périr par son ordre, et qui se sauva en déclarant au roi qu'il mourrait trois jours avant lui.

— Charles Quint, à Saint-Just, célébra la *répétition* de ses funérailles.

— Philippe II s'enterra vivant dans la crypte de

l'Escurial, près de sa bière dressée dans un coin comme un des meubles de sa famille. Quelques heures avant d'expirer, il se fit apporter une tête de mort et posa sur elle la couronne royale.

—Philippe IV se couchait souvent dans le cercueil qu'il s'était fait fabriquer d'avance, comme pour en prendre la mesure et voir comment il y dormirait

— Jeanne la Folle, mère de Charles-Quint, promena en litière par toute l'Espagne le cadavre embaumé de son mari, l'archiduc, elle l'étendit dans le lit nuptial et le veilla pendant cinquante ans·

— Terminons ce chapitre en mentionnant deux curieuses guérisons :

Un malade, dont parle Actius, se croyait mort, et pour cette raison ne voulait prendre aucune nourriture. Un autre homme fit le mort. On le mit à table et il mangea. Le malade suivit aussitôt son exemple.

— Un Italien croyait être mort et priait ses amis et ses parents de le faire ensevelir; il disait que son corps commençait à se putréfier et ne voulait plus ni manger ni boire. On l'ensevelit et on fit semblant de le porter en terre. Des gens apostés dans la rue commencèrent à dire à haute voix : « Dieu soit loué, il est enfin mort, cet homme méchant et cruel, qui est coupable de tant de scélératesses. » Le malade se mit en grande colère et répliqua : « Canaille, canaille, si j'étais vivant je vous apprendrais à bien parler, mais parce que les morts ne peuvent rien faire aux vivants, je me tiens tranquille. »

Il répondirent qu'ils ne le craignaient pas, qu'ils s'étaient déjà disputés avec des morts e qu'ils le défiaient. Le soi-disant mort se leva, se battit et reçut, dit le chroniqueur, tant de coups de poing de ses bons compagnons qu'il guérit et mangea.

MONOMANIES DIVERSES

VI.

MONOMANIES DIVERSES

Il est difficile de conserver une classification régulière quand il s'agit des manifestations les plus irrégulières de la morbidesse de notre organisme.

Nous nous contenterons de citer les faits les plus saillants de chaque ordre.

LE THÉOMANE.

Un philanthrope, qui avait consacré ses études à ce terrible problème de la folie, visitait un asile d'aliénés.

Recommandé aux médecins et au directeur de l'établissement, il avait d'abord causé avec eux, et la conversation s'était dirigée naturellement sur les symptômes de la folie.

— Laissez-moi causer un quart d'heure avec un fou, disait le visiteur, je ne m'y tromperai pas, je parie.

Le directeur laissa échapper un sourire.

— Revenez demain, dit-il.

Le lendemain, le visiteur arrive à l'heure fixée. Il trouve le directeur occupé; mais on lui donne un guide. C'est un employé de la maison, un gardien; il conduit le curieux, il lui explique les moindres détails. Il lui raconte l'histoire des aliénés, il expose les détails et les symptômes de leurs maladies. Quelquefois il leur adresse la parole — et c'est toujours avec une douceur extrême.

— Il ne faut pas, dit-il, rudoyer ces pauvres gens dont la raison est égarée.

Le visiteur est enchanté.

Cependant la visite a duré plus de deux heures ; le directeur est libre ; il vient rejoindre l'étranger qui lui adresse force compliments sur la tenue de la maison , sur la politesse et l'intelligence des employés.

— Ce qui m'étonne, dit-il, c'est que les gardiens ne soient pas atteints de quelque manie. Le mal n'est-il pas contagieux, à la longue ? Mon guide, par exemple , depuis combien de temps est-il chez vous ?

— Depuis trois ans.

— C'est déjà long. Et il n'a jamais ?...

— Qu'en pensez-vous ?

— C'est l'homme du monde le plus raisonnable.

— Vous en êtes sûr ?

— Très-sûr.

— Joseph. vous avez oublié de faire voir à monsieur le nᵒ 175,

— C'est vrai, monsieur le directeur, nous y arrivons. C'est à deux pas.

Et le guide se dirige vers une cellule.

Au moment d'ouvrir la porte, il se retourne :

— Ne le contrariez pas, dit-il; c'est le plus **fou** de la maison. Il a une singulière manie. Il **croit** être Jésus-Christ, et il me soutient cela,—à moi. Mais, s'il était le fils de Dieu, je le saurais bien, — moi, qui suis Dieu le père. — Ah! ah!

LE PERSÉCUTÉ.

Sous la Restauration, un jeune homme, un employé de je ne sais quel ministère, qui vivait seul avec sa mère, rentrait chaque soir, depuis quelques jours, pâle et tout soucieux. Questions de la mère : — « Qu'as-tu donc? qu'y a-t-il? souffres-tu? « Le fils restait muet. Enfin, un jour, pressé de questions, il avoue qu'on le soupçonne de con-

spiration contre le roi, que chaque jour un homme,
dont il décrit les traits et le costume, le suit depuis son logis jusqu'à son bureau; qu'il court le
risque d'être arrêté, et que sa vie est en danger.
—« Eh bien! mais, dit la mère, tu prouveras ton
innocence! Tu n'as pas conspiré? — Non. — Ne
crains donc rien. » Le lendemain, la mère sort
avec son fils, cherche des yeux l'espion de chaque jour, et ne voit rien, ne reconnaît personne.
—« Allons, dit-elle, on a renoncé à te poursuivre.
— Au contraire, dit le fils, à présent *ils sont
deux*! — C'est impossible, personne ne t'a suivi.
J'en suis sûre. » Le fils insiste. La mère reprend
sa promenade d'observation. Derrière son fils,
personne encore. — «Dcéidément, tu te trompes.
— *Ils sont deux*, te dis-je, reprenait le fils. » Le
fils était fou. Mais peu à peu, jour par jour, heure
par heure, il inculqua si bien ses doutes et ses
frayeurs à sa mère, que celle-ci, emportée par le

courant, voyait, voyait réellement ces ennemis imaginaires qui menaçaient de lui arracher son fils, et que le malheureux avait découverts, inventés. Ils vécurent ainsi, elle et lui, dix ans, pris du même délire, toujours sur le qui-vive, se cloîtrant, se calfeutrant, toujours effarés. Et le calme, la paix, la raison leur revinrent subitement en 1830, au soleil de Juillet. Depuis, on leur parlait des espions d'autrefois :

— Oh! disaient-ils gravement, *ils ont été tués à l'attaque du Louvre!*

LES MENACES.

On a exécuté, le mois dernier, raconte le *Droit*, à Cleveland (États-Unis), un homme qui, au moment de mourir, a fait un discours attestant un esprit d'une fermeté et d'une lucidité extraordinaires. Ce discours a produit une très-grande impression sur la foule qui a pris très au sérieux les menaces suivantes par lesquelles il se terminait :

« Mes juges et mes bourreaux me verront toujours devant leurs yeux, et vous-mêmes, qui êtes venus ici pour me voir mourir, il n'en est pas un de vous qui ne me revoie en chair et en os, vêtu de noir comme je le suis, portant mon propre deuil prématuré, pendant son sommeil comme pendant les heures de ses occupations journalières. — Adieu, messieurs, j'espère qu'aucun de vous ne fera ce que j'ai fait, mais s'il en est quelqu'un qui se trouve dans l'état mental où j'étais moi-même quand j'ai commis le crime, ce n'est assurément pas le souvenir de cette journée qui l'en empêchera. Adieu. »

En effet, si l'on en croit le *Herald* de Cleveland, voici les conséquences qu'aurait eues cet événement :

« Parmi les personnes qui avaient visité le condamné dans sa cellule avant l'exécution, se trouvait un honnête boucher allemand. Cet homme, depuis son entrevue avec le condamné, n'a plus que le docteur Hughes dans la cervelle. Il a sans cesse devant les yeux, la nuit, le jour, à toute heure, des prisons, des gibets, des hommes pendus. Il ne dort plus, ne mange plus, n'a plus la tête à sa famille ni à ses affaires, et hier soir cette vision a failli le tuer.

« Il venait d'entrer dans son écurie pour soigner les bestiaux, lorsqu'il vit debout, près de son cheval, le docteur Hughes, vêtu de ses mêmes habits noirs qu'il portait avant de quitter notre planète, et paraissant jouir d'une excellente santé. Le pauvre boucher jeta un cri perçant, un hurlement de l'autre monde, et tomba à la renverse.

« On accourut, on le releva; son œil était hagard, sa face livide, ses lèvres tremblantes, et,

d'uue voix pantelante, il demanda, dès qu'il reprit connaissance, si le docteur Hughes était encore là.

« Il venait de le voir, disait-il, et, s'il n'était
plus dans l'écurie, il ne pouvait être loin. Ce fut
avec toutes les peines du monde qu'on le calma et
qu'on l'entraîna dans sa maison. La vision le
poursuit toujours, et aux dernières nouvelles, encore, il était dans un état d'agitation que rien ne
pouvait apaiser.

« Mais voici qui est plus curieux encore. Le
boucher n'est pas le seul à qui le docteur Hughes
ait apparu depuis sa mort.

« Le surlendemain de l'exécution, tous les détenus l'ont vu, de leurs yeux vu, entrer dans la
prison et parcourir les corridors. Il avait l'air
parfaitement naturel; il était habillé de noir
comme sur l'échafaud; il passait souvent la main
autour de son cou, et en même temps laissait

échapper de sa bouche un son guttural qui sif-
flait entre ses dents. Il a monté les escaliers qui
conduisent à sa cellule, y est entré, s'est assis, et
s'est mis à écrire des vers. »

Voilà ce qu'ont raconté les détenus, et rien au
monde ne leur aurait persuadé qu'ils avaient été
le jouet d'une illusion.

M. René du Montel raconta dans le *Figaro*
l'aventure suivante, dont le triste héros va de la
folie de la science à la folie du suicide :

Je fréquentais alors les amphithéâtres scienti-
fiques et je m'étais lié d'amitié avec un prépara-
teur du collége de France. Il me savait à l'affût
des personnalités étranges de mon temps et
m'indiqua la demeure du vieux savant comme
devant assouvir amplement mes appétits de curieux.

Le sexagénaire en question était un médecin

hongrois que ses opinions politiques avaient con-
traint à l'exil. Obligé de se sauver un soir,
presque nu, sans avoir le temps de prendre le
peu d'argent qu'il avait mis de côté durant l'exer-
cice de sa profession, il atteignit nos frontières
mourant de faim, les pieds meurtris et prêt à
rendre le dernier soupir. Je crois que le désordre
de ses facultés mentales a dû être provoqué par
cette fuite accidentée d'écueils et de misères.

Arrivé dans notre capitale qu'il avait toujours
rêvé de visiter en sa qualité de membre corres-
pondant de nos institutions médicales, il épuisa
vite le peu de ressources que mirent à sa disposition quelques-uns de ses collègues en Esculape,
et finalement il dut, pour vivre, donner des
leçons d'histoire naturelle dans des pensionnats
du quartier Saint-Jacques où il avait élu domi-
cile.

Muni d'une lettre d'introduction, je gravis un

7

matin les cinq étages en haut desquels, dans une pièce étroite et mansardée, le malheureux caressait ses paradoxes... Là, il cherchait, — Titan affolé, — à dérober le feu du ciel, et prétendait, avec une opiniâtreté aveugle, enlever à Dieu le don de mort.....

Je tirai une ganse crasseuse qui pendait à la gauche de sa porte — un vieux volet dont les planches disjointes laissaient échapper des émanations de matières chimiques. La sonnette retentit avec un bruit aigrelet et j'entendis aussitôt le bruit de deux sandales qui se traînaient sur le carreau. Puis le vantail branlant s'entr'ouvrit et j'aperçus l'hôte de ce taudis qui me dévisagea d'un œil inquiet. Je tendis mon billet, et tandis que le Hongrois prenait connaissance de son contenu, je faufilai mon regard par l'entrebâillement de la porte... Imaginez l'antre puant et malsain d'une sorcière de troisième classe.

Sur un poêle en fonte, des cornues, des alam-
bics; sur les tables, des vieux bouquins, et par
terre, sous les meubles ou juchés le long des
rayons, des ossements de tous les vertébrés
connus. L'hermétique du moyen âge m'apparaissait tout entière avec son attirail poussiéreux,
mystique et désordonné. L'aspect du vieillard
complétait le tableau. Vêtu d'une longue robe de
chambre, dont les vapeurs acides avaient altéré
la couleur et le tissu; coiffé d'une calotte de
velours noir, le visage encadré de longs cheveux
blancs, et coupé en son milieu par une paire de
besicles énormes, l'aliéné, avec sa face pâle et
osseuse et ses mains fluettes et veinées, me
rappela Nicolas Flamel en train de chercher la
pierre philosophale.

— Vous pouvez entrer, me dit-il. Je dois à
votre ami quelques obligations, et je suis heureux

de m'acquitter envers lui en vous initiant à mon
œuvre..... Mais, asseyez-vous.

Je me laissai choir dans un fauteuil qui râla
sous le poids de mon corps.

— Vous m'avez dérangé, ajouta mon hôte en
courant à un creuset dans lequel bouillonnait une
mixture jaune... mais j'en serai quitte pour re-
commencer.

Et prenant un soufflet, il activa son feu de
houille.

— Monsieur, continua le vieillard, j'ai obtenu
ce matin des résultats concluants sur une tête de
chat... Elle a miaulé, ouvert les yeux, et je crois
qu'elle eût dévoré une souris s'il en était passé
une à sa portée. Malheureusement l'infusion s'est
refroidie, et la transfusion n'ayant pu continuer,
la bête est morte. Nous allons essayer sur une
tête de lapin.

Le fou courut alors dans un petit cabinet, saisit

par les oreilles un lapin qui fuyait en ouvrant des yeux effarés, et s'emparant d'un long couteau, il lui trancha le col avec une adresse merveilleuse... Ensuite, il déposa la tête sanglante sur une table et emplit une seringue de verre de la liqueur jaune en aspirant le liquide au moyen du bec de l'instrument.

— Voyez-vous, murmurait le pauvre diable durant cette opération, la vie est la résultante des principes contenus dans le sang Or, j'ai projeté ces mêmes principes dans ce récipient. De plus j'y ai ajouté du mercure, de la limaille de fer et des acides dont l'action, en se prolongeant indéfiniment sur les matières minérales, entretient dans mon mélange une température constante.

Saisissant alors la tête du rongeur, il introduisit dans l'ouverture béante d'une artère le bout de son appareil et pressa sur le piston. Au même instant, la tête se mit à fumer; les yeux fermés s'ouvrirent tout grands, une vapeur blanchâtre sortit des lèvres, et lés mâchoires s'agitèrent.

J'étais fort surpris, presque effrayé. Mais un détail d'un comique trop réaliste me rappela à moi-même, et je me souvins que j'avais affaire à un aliéné, lorsque je vis le malheureux approcher une feuille de chou du museau de sa victime.

— S'il a faim, il la mangera, disait-il en souriant avec le calme de la conviction.

Comme bien vous pensez, le lapin ne mangea point... car les muscles de la tête, tout à l'heure remuants et contractés, étaient redevenus inertes.

— Maudit refroidissement! hurla le savant. Je n'aurai pas mis assez de vitriol!

Je me retirai, en félicitant par politesse le Hongrois de sa découverte... Deux mois après;

son cadavre était à la Morgue : il s'était pendu dans le bois de Vincennes — à cause du maudit *refroidissement*, je veux dire à cause de sa folie.

LE MATRIMONIOMANE.

Un jeune homme, dont le costume et les manières n'annonçaient nullement un aliéné, se présentait de bon matin chez M. X.., négociant, et, interrogé par celui-ci, de qui il n'était pas connu, sur le motif de sa visite, lui répondit en souriant qu'il venait de voir dans la maison Mlle X..., âgée de dix ans, qui jouait au cerceau, et que, dès lors, il priait son père de vouloir bien la lui accorder en mariage.

Cette demande plus que singulière n'était que le prélude de propos au moins aussi incohérents, et qui obligèrent M. X... à requérir l'intervention de l'autorité pour se débarrasser de ce malheureux fou.

LA DOULEUR.

Mme de la Valette, — celle qui fit sauver son mari en lui prêtant ses habits, — avait imploré de Louis XVIII la grâce de M. de la Valette. Inflexible, Louis XVIII avait refusé. Elle maudissait, parmi ses larmes, ce roi qui ne savait pas pardonner. A la fin, tant de secousses ébranlèrent sa raison. Elle devint folle Et quelle était sa folie? Une perpétuelle adoration, un éternel cantique en l'honneur de ce roi qu'elle détestait.

Mme de la Valette devait, au surplus, revenir à la raison, quelques années après, par les soins du docteur Blanche.

LE GOURMET.

Eugène Briffaut, le charmant chroniqueur,

mourut à Charenton. Le sensuel écrivain s'y trouvait d'ailleurs fort heureux. Il se figurait que l'eau qu'on lui servait était du champagne, et la buvait avec délices.

— Bon restaurant ! répondait-il, quand on lui parlait de Charenton, venez donc souper avec moi un de ces soirs.

UN ROI DE FRANCE.

Charles VI, roi de France, devint fou à la suite d'une terreur extrême qu'il ressentit en traversant la forêt du Mans. Un homme se jeta à la bride de son cheval, lui dit quelques mots, et Charles fut pris d'une sorte d'attaque épileptique. A quelque temps de là, il faillit périr dans un incendie, à un bal où il s'était déguisé en satyre, et sa raison ébranlée succombait à ces secousses.

Il est curieux de voir le contraste de la puis-

7.

sance royale aux prises avec l'imbécillité de l'homme en démence.

Quand Charles mangeait, c'était avec une gloutonnerie qui, au dire des historiens, rappelait celle des loups; il ne voulait ni se déshabiller ni se laver, aussi était-il plein de pous, de vermine et d'ordure. On ne pouvait rien obtenir de lui sinon par la terreur, et c'est ainsi que, pour l'amener à changer de vêtements, on lui présentait à l'improviste des hommes déguisés de façon effrayante.

ÉROTOMANIE.

Le marquis de Sade, auteur de romans pour lesquels la qualification d'obscènes paraîtrait trop faible, fut enfermé à Charenton, et, selon la tradition, il arrachait les roses des arbustes pour les souiller dans le ruisseau.

L'HOMME D'ORDRE.

Un vieil employé de la Monnaie poussait l'esprit d'ordre jusqu'à la manie; il était minutieux, morose, triste, toujours inquiet de l'avenir; il voulait que tout fût mis en place et y restât; une chaise, un livre, une plume dérangés le rendaient chagrin, furieux. Il se levait invariablement à cinq heures du matin, faisait son feu, si c'était en hiver, avec un soin tel qu'on ne voyait dans le foyer pas un atome de poussière; il procédait ensuite à sa toilette, époussetait, essuyait, rangeait. A neuf heures précises il partait à son bureau, d'où il revenait exactement à quatre heures et demie. A dix heures, il se mettait au lit, sans jamais retarder d'une minute. Sa cave, son bûcher, toujours bien garnis, étaient rangés comme une bibliothèque, avec une propreté remarquable. Il changeeit

de linge tous les lundis, et avait pour les quatre
saisons de l'année des vêtements qu'il prenait à
jour fixe. Toute visite l'aurait importuné et aurait
mis le désordre dans la symétrie de son appartement; aussi personne n'entrait chez lui... Une
barre de fer disposée en crémaillère, lui permettait d'entrouvrir sa porte pour parler aux impor-
tuns. Son médecin avait seul le privilége d'entrer
chez lui. Le garçon restaurateur lui apportait son
dîner à cinq heures précises, était reçu comme les
autres par la porte entrebaillée juste assez pour
passer les plats du jour et remporter la vaisselle
de la veille avec le prix du repas enveloppé dans
un papier contenant la commande du lendemain.
Cet homme, qui avait vu la grande Révolution,
craignait beaucoup d'en voir une autre qui aurait
pu jeter le désordre dans son existence si bien ré-
glée, et dès 1828, en pressentant une prochaine,
il se jeta dans la Seine après avoir écrit son nom

sur un papier enfermé dans un morceau de taffe-
tas gommé. Il fut sauvé, mais, le 21 mai 1830,
après une contrariété de famille, il se brûla le cervelle d'un coup de pistolet dans sa chambre. On
trouva pour la première fois sa clef sur la porte
d'entrée, et son cercueil tout prêt et tout ouvert
aux pieds de son lit; il le gardait depuis longtemps dans un petit cabinet au bout de son alcôve.
Cet homme était-il un fou? Évidemment sa raison n'était pas saine, et s'il eût commis un crime,
aurait-on pu, en toute justice, le déclarer coupable? Voilà donc une forme de déraison dont il est
difficile de préciser la nuance.

INCOHÉRENCE D'IDÉES.

Il y avait à Bicêtre, un vieux curé, autrefois
fort instruit, et qui, par son zèle à secourir les
pauvres, sa piété, sa tolérance, avait su se conci-

lier l'affection de tous ses paroissiens. Cependant
la chasteté lui pesait, et il fut, à raison de certaines apparences, traduit devant la justice, mais ac-
quitté. Les soupçons dont il avait été l'objet troublèrent sa raissn. Il ne lui fut plus possible de
s'occuper d'aucun autre sujet que de l'accusation
portée contre lui. Voici ce qu'il disait lui-même à
un médecin :

« M. Dupin s'est comporté admirablement avec
moi; on m'accusait d'avoir assassiné la duchesse
de Lamballe; pour cela j'étais en prison; cet as-
sassin était de la paroisse; on vient chercher cet
homme; on vient me chercher aussi. Cet homme
est encore vivant, et de la famille la plus atroce-
ment inique qu'il soit possible de voir. J'étais prêtre, et je devais me défendre; comme prêtre et
docteur de Sorbonne, ma défense devait être éclatante. Dieu m'a exposé à tout dès le ventre de ma
mère. On dit à l'accusé que j'étais le vingt-qua-

trième enfant; il prétendit que je ne vivrais pas, et voilà pourquoi j'ai quatre-vingt-deux ans sans avoir jamais été saigné.

— Parmi les monomanes, l'un dit avoir des jambes de verre, l'autre est privé de sa tête ou se plaint de la pétrification de quelqu'un de ses membres. Il y a des femmes qui se croient changées en hommes et des hommes en femmes; des individus, qui, privés de leur personnalité intérieure, sont devenus Jésus-Christ, Mahomet, César, Néron, etc., ou qui, transformés en bêtes, ne doutent pas qu'ils ne soient loups, chiens, lions, aigles.

— Un homme se croyait de beurre, et, dans la crainte d'être fondu, ne s'approchait jamais du feu.

— Un autre, convalescent d'une fièvre, se croyait

formé de deux individus, dont l'un était au lit tandis que l'autre se promenait. Quoiqu'il n'eût pas d'argent, il mangeait beaucoup, parce que, disait-il, il devait nourrir deux corps.

— Un fou n'osait pas sortir, parce que son nez lui paraissait si long que les passants auraient pu marcher dessus. D'autres n'osaient pas uriner de peur d'occasionner un déluge.

— Alexandre de Tralles parle d'une femme qui, croyant porter le monde sur un doigt, n'osait pas remuer de peur que le monde ne pérît.

— Au commencement de notre révolution, un homme crut être Louis XVI. Quelqu'un lui ayant objecté qu'il était sans instruction et que les rois savaient au moins lire et écrire, il se mit au travail et, en trois mois, il lisait et écrivait.

— Clémentine, **la** fidèle compagne de Marie Capelle, que celle-ci désigne dans ses mémoires par ces mots : *Ma bonne Clé,* — mourut folle, en répétant continuellement : *Elle est innocente.*

— Eugène Hugo, frère de Victor Hugo, élégant traducteur d'Horace, mourut à Charenton, croyant avoir été enfermé à la suite d'une conspiration contre la duchesse de Berry.

UNE MALADE IMAGINAIRE.

Une dame d'environ trente ans, dit Joseph Frank, mère de plusieurs enfants, d'un esprit faible et avide du merveilleux, se croyait menacée d'une hémorrhagie. Pour prévenir cet accident, elle restait immobile dans son lit, sans couverture, ne parlant que par signe, prenant ses aliments et ses boissons à la glace, et se faisant mettre sur le ventre des linges trempés dans une eau très-froide. Elle s'était en outre imaginée que les *garde-robes* l'affaiblissaient et faisait tous ses efforts pour n'en point avoir ; elle avait ordonné qu'on entourât son lit de chandelles allumées. Elle guérit une première fois, mais la même monomanie la reprit, avec cette différence qu'elle ne voulut plus souffrir de lumière. Elle prétendait qu'elle était tout entière remplie de lumière, qu'elle circulait dans ses veines, que ses os étaient lumineux et sur le point de brûler.

LE REMORDS.

La Folie-remords pourrait nous fournir de nombreux exemples ; mais Edgard Poë l'a mieux que tout autre saisie en quelque sorte sur le fait, dans la nouvelle intitulée : *le Cœur Révélateur*.

Un fou a assassiné un vieillard et l'a enterré sous les planches du parquet.

La police, qui n'a aucun soupçon, vient dans la maison et lui demande des détails : peu à peu il se trouble, mais laissons-le parler lui-même :

« Sans doute je devins alors très-pâle ; — mais je bavardais encore plus couramment et en haussant la voix. Le son augmentait toujours, — et que pouvais-je faire ? C'était *un bruit sourd, étouffé, fréquent, ressemblant beaucoup à celui que ferait une montre enveloppée dans du coton*. Je respirai laborieusement. — Les officiers n'entendaient pas encore. Je causai plus vite, — avec plus de véhémence; mais le bruit croissait incessamment. Je me levai et je disputai sur des niaiseries, dans un diapason très-élevé et avec une violente gesticulation; mais le bruit montait, montait toujours. — Pourquoi ne voulaient-ils pas s'en aller ? J'arpentai çà et là le plancher lourdement et à grands pas, comme exaspéré par les observations de mes contradicteurs; — mais le bruit croissait régulièrement. Oh Dieu! que pouvais-je faire? J'écumais, je battais la campagne, je jurais! J'agitais la chaise sur laquelle j'étais assis, et je la faisais crier sur le parquet; mais le bruit dominait toujours et croissait indéfiniment. Il devenait plus fort, — plus fort, — toujours plus fort. Et toujours les hommes causaient, plaisantaient et souriaient. Était-il possible qu'ils n'entendissent pas? Dieu tout-puissant! Non, non! ils entendaient, ils soupçonnaient, *ils savaient,* ils se faisaient un amusement de mon effroi! — Je le crus, et je le crois encore. Mais n'importe quoi était plus tolérable que cette dérision! Je ne pouvais pas supporter plus longtemps ces hypocrites sourires! Je sentis qu'il fallait crier ou mourir! Et maintenant encore, l'entendez-vous? — Écoutez! plus haut! plus haut! toujours plus haut! — *toujours plus haut!*

« Misérables! m'écriai-je, ne dissimulez pas

plus longtemps. J'avoue la chose! — Arrachez ces planches! c'est là, c'est là! — c'est le batte menl de son affreux cœur! »

— Dans l'antiquité, nous trouvons de la folie-emords une excellente allégorie.

Au dire de Plutarque, Bersus, coupable de parricide, croyait, chaque fois qu'il entendait le cri des hirondelles, que ces oiseaux l'accusaient. Pensant qu'il était découvert, il avoua son crime et fut puni.

GUÉRISONS INSTANTANÉES.

Il y a trois mois, la femme d'un concierge, madame X..., devint folle par les chagrins que lui causait la mauvaise conduite de son mari. Celui-ci se livra dès lors à de tels excès, qu'il est mort avant-hier. Lorsqu'on annonça cette nouvelle à sa veuve, elle recouvra subitement sa raison.

— L'histoire a enregistré cette chose à peine croyable que, lors des massacres de septembre, quand les travailleurs se présentèrent devant Bicêtre, des fous, comprenant le danger à la vue de ces sabres nus, recouvrèrent subitement la raison et se défendirent, non pas en furieux qui luttent contre des égorgeurs, mais intelligemment, comme des adversaires qui ont tout leur sang-froid.

UNE RÉVOLTE D'ALIÉNÉS.

Une scène des plus navrantes et qui a eu de tragiques conséquences s'est passée l'année dernière dans l'asile des aliénés de Saint-Pierre. Deux pensionnaires de cet établissement, deux insensés, étant parvenus, dans un accès de folie

sans doute, à desceller les barreaux de leur cellule, s'armèrent de ces tiges de fer, et se jetant
sur un des gardiens qui dormait, ils l'assommè-
rent à coups de barres. Témoin de cet affreux
spectacle, un autre gardien se hâta de courir au
secours de son infortuné collègue, mais à sa vue,
les deux insensés dirigèrent leurs armes terribles
contre ce malheureux, qui subit le même sort que
le premier. Quelques minutes avaient suffi pour
convertir une salle en une mare de sang, dans
laquelle gisaient deux cadavres.

La *Gazette du Midi* donnait à ce sujet les détails
suivants :

« Après que le second gardien eût été aussi as-
sommé, les meurtriers s'emparèrent des clefs des
servants tués et pénétrèrent dans la quatrième
division qui précède la cinquième. Heureusement,
les servants de cette salle avaient été prévenus
à temps et purent se retirer. Les fous révoltés,

n'en voulant absolument qu'à leurs gardiens, ne
firent aucun mal aux malades qui étaient renfer-
més dans cette division.

« Au moyen des clefs qu'ils avaient en leur
possession, les furieux, toujours armés de leurs
barres de fer, voulurent alors se mettre à la pour-
suite des autres servants. Mais l'un de ces derniers avait eu la bonne inspiration de placer du
côté opposé de la serrure une clef qui fit obstacle
à celle dont les fous voulaient se servir. Voyant
qu'ils ne pouvaient avancer, les révoltés se placè-
rent devant la porte et observèrent à travers les
vitres et le grillage tous les mouvements du dehors. Pendant ce temps, du renfort arrivait par
derrière, et l'on put enfin se rendre maître des
fous, après une nouvelle bataille de courte durée,
dans laquelle les gens de service reçurent encore
quelques coups sans gravité. »

L'ENRAGÉ.

On lit dans Eliers qu'un cultivateur fut pour-
suivi, après avoir tué un serpent d'un coup de
bêche par le spectre d'un reptile qui ne lui permit
plus de goûter un instant de calme, et que ce
malheureux, devenu complètement fou, se trouva
dans la nécessité de se rendre avec ses amis au
temple de Sérapis, où l'on guérissait les forcenés
et les enragés.

LES MAISONS HANTÉES.

Quelques personnes ne peuvent vivre sans effroi dans certaines habitations. Chaque nuit elles
y sont réveillées par le bruit de coups qui réson-
nent sur les cloisons et sur les parquets; à chaque
minute des éclats de rire, des sifflements, des

battements de mains attirent leur attention, leur vue est frappée par de subites apparitions d'ombres, des spectres leur saisissent les pieds, le nez, les oreilles, vont jusqu'à s'asseoir sur leur poitrine.

•

MONOMANIE MUSICALE.

Certains artistes se passionnent tellement pour leur art, qu'ils y cherchent et y trouvent parfois, relativement à l'intensité de leur organisme, des jouissances exagérées. Ils produisent alors des œuvres qui n'ont en quelque sorte d'autres admirateurs qu'eux-mêmes.

Charles Barbara a admirablement décrit dans ses *Contes émouvants* une scène de monomanie musicale :

— Schenk ne savait ce qu'étaient les difficultés pour les difficultés. S'il allait d'un bout du manche à l'autre avec une rapidité foudroyante, au moyen du staccado de gammes chromatiques, de traits perlés, nets jusqu'à la perfection, on ne songeait point à s'étonner de son mécanisme. L'*idée*, toujours présente, détournait complètement des préoccupations de la forme. Sans qu'il parût trace d'effort, ses doigts, os et nerfs, longs et effilés, pareils à ceux d'un bossu, voltigeaient sur la touche comme de grandes pattes d'araignée. On ne saurait concevoir de trilles plus parfaits, de doubles cordes plus justes, de passages en octaves plus rapides. Des modulations répandaient la couleur sur ce fouillis étincelant, d'où s'échappaient à l'improviste le chant de l'adagio, que Schenk reprenait en sous-œuvre, l'accompagnant de *pizzicatti* ou d'arpéges. L'effet de cette mélodie, rendue avec des sons d'une justesse, d'une beauté, d'une puissance incomparables, était prodigieux.

A la vue de son élève, qui avait la tête penchée et pleurait, Schenk, d'abord tendre dans son expression, puis âpre et énergique, modéra bientôt son emportement et diminua par degrés l'éclat des sons. Insensiblement les notes, parcourant toutes les nuaces du decrescendo, firent vibrer l'air à peine et devinrent insensibles pour l'oreille. La jeune fille, dont les sensations semblaient obéir à la même loi de décroissance, redevint calme.

Il y eut une nouvelle pause....

Le finale presto a deux temps, partit comme une flèche. D'un rythme saccadé, d'une vivacité électrique, il me jeta de la rêverie dans le cauchemar. Les notes, dans leur succession rapide et leur entre-croisement fugué, dessinaient, pour mon esprit, les arcades d'une salle fantastique chancelante comme l'architecture, des rêves dont les murailles, à cause de l'or, des peintures, des draperies, des glaces et des lumières innombrables, resplendissaient comme les parois d'une fournaise. Dans cet intérieur, qui vacillait et offrait à chaque instant de nouvelles perspectives à travers une forêt de colonnettes, tantôt s'élançant à perte de vue, tantôt se rapetissant au point qu'on pouvait toucher les voûtes de la main, se pressaient en foule des femmes choisies entre les plus belles parmi les blondes, les brunes et les rouges. L'imagination d'un musulman exalté par les jeûnes n'eut jamais atteint à la splendeur de ce paradis. La plupart avait de grands yeux expressifs, qui réalisaient on ne peut mieux cette image du poëte persan : *Tes sourcils sont des arcs dont les regards sont les flèches.* Vêtues de soie, ou de velours ou de gaz, les couleurs et la forme de leurs robes seyaient merveilleusement à leur genre de beauté. La tête de celle-ci penchait sous les fleurs; la poitrine de celle-là étincelait de dia-

8.

mants; d'autres flottaient dans des nuages de
dentelles; toutes se promenaient enveloppées,
pour ainsi dire, de passions; une pensée unique
semblait les préoccuper.

Du milieu des groupes, s'éleva subitement une
rumeur; tous les yeux se dirigèrent simultané-
ment vers un point noir qui grossissait à vue
d'œil et revêtait la forme humaine. Je reconnus
Schenk. Il était presque beau à force d'être
joyeux. Il tenait sa basse d'une main et son archet de l'autre. Trop passionnées pour être
coquettes, les femmes, sans crainte de friper
leurs robes, de déchirer leurs dentelles, perdre
leurs diamants ou de déranger leur coiffure,
s'empressaient autour de lui avec une sorte de
fureur jalouse, et se disputaient ses sourires. Il
semblait que ce fanatisme comblât le gouffre in-
sondable de son ambition. Sa poitrine n'était
point assez large pour contenir tant de bonheur

il pressait l'une de ses mains dessus, comme
pour empêcher qu'elle n'éclatât... La durée d'un
éclair, et ce fut un désastre. Une modulation
étrange me rappela, je ne sais comment, un souvenir qui suffit à jeter le désordre dans cette fan-
tasmagorie. Schenk fut brusquement abandonné
des bras parfumés qui l'enlaçaient. Il devint le
centre d'un cercle de visages blêmes et épou-
vantés dont le rayon ne discontinuait pas de
roître. Une glace lui apprit la cause de cette
révolution. Il lui était poussé un bonnet de coton
sur la tête; son violoncelle, son admirable violoncelle s'était changé en ignoble marmite, et
son archet en cuiller de bois. Son désespoir fut
aussi profond que l'avait été son enivrement. Un
cri rauque sortit de sa gorge. Le [cercle grandis-
sait toujours, et aussi la peur sur les figures, et
aussi la fureur dans l'âme de pauvre musicien.
Serrant la cuiller avec rage, et la plongeant d'un

geste fébrile dans la marmite où débordait quelque chose de semblable à un métal en fusion, il enjamba du centre à la circonférence qui l'enserrait et porta la cuiller en feu au visage des femmes qu'il adorait tout à l'heure. Une clameur terrible retentit. Ce fut le signal d'une confusion inénarrable. Les femmes s'enfuirent dans toutes les directions, poursuivies par la peur de la souillure brûlante dont elles étaient menacées.

Le fantastique engendrant le fantastique, il jaillit des murs une légion d'individus identiques à Schenk et terribles autant que lui. L'épouvante des femmes dépassa toute mesure. Des plaintes déchirantes aux lèvres et les yeux pleins de larmes, elles se serrèrent les unes contre les autres, se réunirent en grappe à la manière des abeilles, puis s'allongèrent en écharpe éblouissante et roulèrent à l'égal d'un torrent, dans un chemin creux où il devint de plus en plus im-

possible de distinguer aucune forme précise. A
la queue courait une armée de marmitons qui
poussaient des hurrahs frénétiques. Et le mouvement de cette cohue indéchiffrable était à chaque
instant plus accéléré, les cris croissaient en force,
en acuité, en discordance. Les lumières s'étaient
éteintes; l'édifice avait croulé, on ne voyait plus
que des ruines et des décombres. Il faisait froid.
Dans un pâle crépuscule, passait devant mes
yeux avec un redoublement de vitesse et de sanglots cette chaîne humaine dont les anneaux
décrivaient une ellipse immense tournant sur
elle-même, comme fait la pièce de drap sur la
machine à lustrer.

J'étais éperdu. Ce torrent me frôlait et tâchait
à m'entraîner. Sans force contre la paralysie du
vertige, je tombai enfin dans le tourbillon. Avec
la rapidité d'une balle de fusil, je montais, je
descendais, étouffé par la crainte de choir et de

me briser la tête. Les figures que j'étreignais s'évanouissaient dans mes bras, et le mouvement de rotation doublait toujours. L'accélération en devint telle, que je ne sentis plus rien et qu'il me sembla que je reposais dans l'immobilité du néant. »

LES ASILES DE LA FOLIE

VII.

LES ASILES DE LA FOLIE

CHARENTON.

La maison de Charenton est située sur l'emplacement occupé jadis par la maison des Frères de
la Charité, dits de Saint-Maurice. Une inscription
gravée sur le marbre rappelle, sous le péristyle, le
nom du Fondateur, Sébastien Leblanc, contrôleur
des guerres en 1664. La maison actuelle fut édi-
fiée sous le ministère de M. de Montalivet.

Nous empruntons à un consciencieux travail de

9

M. Jules Claretie les renseignements qui sui-
vent :

« Le côté des hommes comprend huit divisions :
chaque division a sa cour spéciale et correspond
à un secret degré de la folie. On part de la première division, section des convalescents, jusqu'à
la division des *agités*, ou fous furieux. L'incura-
bilité commence à peu près à la troisième division.

« L'observateurt parcourt alors un à un tous les
cercles de cet enfer, ne négligeant aucun détail, et
recueillant nombre de curieuses observations.
Nous le suivrons pas à pas.

« Il rencontre dans la division des convalescents
Malitourne, l'ancien journaliste de la Restauration, le dos courbé, le visage amaigri, les
cheveux blancs, marchant doucement, en
s'appuyant au bras d'un homme de son âge, le

front coiffé d'un chapeau de feutre, et portant le ruban de la Légion d'honneur. — Folie calme.

«Plus loin, chez les gâteux, il rencontre des êtres mornes, qui ne semblent ni voir ni entendre. L'un d'eux répète sans cesse et machinalement : Je suis roi !

«Il faut leur rendre tous les soins nécessaires à la vie, comme on ferait pour des enfants.

«Puis les furieux : ceux-là gesticulent, crient, hurlent, courent et s'agitent sans cesse. L'un d'eux, se croyant changé en cheval, hennit et galope sans cesse, ruant dès qu'on tente de l'approcher. L'un d'eux glisse un papier dans la main du visiteur. Sur ce papier sont écrits ces mots :

«Il a été perdu une femme d'environ quarante aunes, dont la robe portait un masque, on la reconnaîtra à un masque placé derrière la voiture :
Prière.

« De celui-là, la mère est morte. C'est un fou par regret.

« Un autre passe la journée à jouer du violon sur son bras. Tout est bon pour lui servir d'archet, un morceau de bois. Et tandis qu'il écoute en extase cette mélodie que personne n'entend, il a autour de lui un auditoire qui, semblant partager son illusion, applaudit et s'émeut.

« Un vieillard tout cassé, âgé de soixante-dix ans, répète à qui l'interroge : *J'ai seize ans*; et il sourit.

« Chez les femmes, la folie est plus atroce encore. Elles sont, à Charenton, moins nombreuses que les hommes. »

On traite particulièrement les fous aujourd'hui par les divertissement; notamment par les concerts et les bals.

M. Georges Maillard raconte, dans le *Figaro* du 22 novembre 1866, une de ces singulières fêtes :

« L'auditoire est froid, calme et sérieux. Tous ces hommes, assis en longues files, regardent et écoutent, visiblement intéressés; pas un ne bronche.

« On s'attend à un spectacle étrange, surprenant, effrayant peut-être. Rien de tout cela. Tous ces pensionnaires ont la figure aussi calme que nous-même, et rien, au premier aspect, ne dénote chez eux l'affreux mal qui les a frappés.

« Le premier morceau est fini, et de tous les points s'élève un applaudissement unanime. Personne ne leur a donné un signal, ils ont écouté, ils applaudissent; ils ont donc compris? Qui sait?

» L'expression qui domine sur tous ces visages, — les hommes surtout, — c'est une sorte d'abattement et d'affaissement sourd. Ils ne vivent pas, ils végètent, ils ne pensent pas; c'est à peine s'ils éprouvent lourdement et par éclairs.

« Les femmes, en général, semblent moins accablées, l'inntelligence paraît, chez elles, moins profondément blessée. La bête inexorable qui ronge leur cerveau est-elle donc moins cruelle?

« ..... Au fond, une figure étrange frappe nos yeux. Accoutrée d'une façon singulière, elle porte une palatine de petit gris, chauve par place. Dans ses cheveux gris, on distingue mille petites choses baroques : des plumes, des rubans fanés, des fleurs artificielles, et en même temps, planté dans le chignon, quelque chose de rougeâtre, d'une forme singulière... une carotte.

« Dans les bals se passent souvent des scènes étranges : Un jour, un aliéné appelle le garçon qui faisait circuler des rafraîchissements, il prend le plateau et le vide en souriant sur ses genoux.

« — Il est donc fou? demande son voisin, aliéné comme lui.

« Les dortoirs contiennent chacun douze lits.
Mais le malade peut avoir son appartement
séparé, sa cellule, avec chambre de domestique
au besoin. »

Empruntons au *Paris-Guide* quelgues détails
complémentaires :

« La maison impériale de Charenton est un pensionnat ouvert aux aliénés de tous les pays, mais
qui a un côté de bienfaisance par la modicité des
prix de pension, par l'existence des bourses ou
places gratuites, et par les soins exceptionnels
apportés au traitement et au bien-être des malades.

« Les aliénés sont reçus à toute heure du jour et
de la nuit. La population est en moyenne de
580 aliénés : 300 hommes et 280 femmes.

« Le prix annuel de la pension est de 1500 francs
pour la première classe, de 1200 francs pour la
deuxième et de 900 francs pour la troisième. Les

pensionnaires en chambre payent en outre 900 francs pour un domestique particulier.

Dans la période décennale de 1856 à 1866, le chiffre de guérison s'est élevé à 563, dont 351 hommes et 212 femmes,

Parmi les médecins attachés à l'Asile de Charenton, nous citerons M. Foville, M. Archambault, M. Deguise, M. Rousselin, M. Calmeil.

BICÊTRE.

L'origine de Bicêtre, dit M. Édouard Dangin, remonte au treizième siècle, et, des parages qui avoisinent Paris, c'était bien, à cette époque, le plus redouté et celui où la superstition de nos ancêtres avait placé le repaire de plus de sorciers et d'esprits malfaisants. Ce nom est une corruption du nom anglais *Winchester*; Jean de Pontoise, évêque de Winchester, ayant, vers 1284, fait

construire sur cet emplacément un manoir, con-
fisqué depuis par Philippe le Bel.

Le castel ne fut converti en hospice qu'en 1656,
et, à cette époque, on y recueillit six cents pauvres, vieillards ou incurables.. Sous Louis XV,
Bicêtre servit de prison, et enfin, en 1794, on y
fit entrer les aliénés. Mais il ne faut pas oublier
que le traitement de la folie était alors plein d'in-
humanité : on enfermait les misérables dans des
cabanons ; on les entourait de chaînes, on les ac-
cablait de douches glacées. Quel progrès nos aliénistes ont opéré lorsqu'on se reporte à ces tentatives de guérison par les divertissements dont
nous avons parlé en décrivant l'asile de Charenton !

Aujourd'hui les anciens cachots noirs de Bicêtre servent de magasins pour les médicaments
et les vivres.

Bicêtre renferme 3000 individus, dont il faut

9.

déduire 400 employés, 1600 indigents. La population aliénée se compose d'environ 828 aliénés adultes et 111 enfants épileptiques ou idiots.

Avant de continuer cetie description, rappelons un curieux souvenir : ce fut à Bicêtre que l'on essaya pour la première fois sur un cadavre l'appareil nouveau dit Guillotine.

Revenons aux aliénés : ceux qui sont calmes se réunissent quotidiennement dans une salle dite d'étude, dont les murs sont couverts de dessins ou de modelages dus en général à des aliénés. On y remarque notamment une curieuse composition : le *Tableau symbolique de la vie*, par un ancien prêtre qu'on nomme dans la maison : *Monsieur l'Abbé*. Dans ce tableau symbolique, on voit s'étaler avec une rare harmonie d'ensemble et une prodigieuse fécondité de détails toutes les splendeurs et toutes les misères, toutes les hauteurs et toutes les bassesses, toutes les beautés et toutes les turpitudes de l'humaine existence, depuis le berceau jusqu'à la tombe....

Les idiots sont traités avec un soin tout particulier, et on s'efforce, par un enseignement habilement gradué, de rendre à leur raison déshéritée une portion de cette lueur intelligente qui lui manque. De très-beaux résultats ont été obtenus par MM. Ferrus et Félix Voisin, dont les noms ne doivent pas être oubliés.

C'est à Bicêtre que le docteur Pinel appliqua d'abord les réformes humanitaires qu'il parvint à faire accepter. En 1792, Pinel, médecin en chef, sollicita de la Commune de Paris l'autorisation de déchaîner les fous furieux. Couthon, le cul-de-jatte, vint visiter l'hospice, et s'écria : Ah ça! citoyen, es-tu fou toi-même pour vouloir déchaîner de pareils animaux? — Citoyen, lui répondit Pinel, j'ai la conviction que ces aliénés ne sont intraitables que parce qu'on les prive d'air et de liberté. — Eh bien! reprit Couthon, fais ce que tu voudras, je te les abandonne. — Alors Pinel entra dans la loge du plus terrible des aliénés, un capitaine anglais, qui, enchaîné depuis près de quarante ans, avait tué un de ses gardiens à coups de menottes. Le capitaine regarda son libérateur, se laissa faire, fut doux et paisible, et depuis devint l'un des auxiliaires les plus calmes du docteur. Il était secondé dans cette œuvre d'humanité par son surveillant Pursin.

LA SALPÊTRIÈRE.

La Salpêtrière est située dans le treizième arrondissement, boulevard de l'Hôpital. Elle tire ce nom populaire d'un ancien arsenal qui, du temps de Louis XIII, s'élevait sur le même emplacement.

Comme hospice d'aliénés, la Salpêtrière est

particulièrement réservée aux femmes, on en compte en moyenne 1500.

Nous ne décrirons pas en détail les diverses sections de cet immense asile, mais nous nous arrêterons à la quatrième division qui est réellement la plus curieuse.

On y voit : la pharmacie, — une boucherie modèle, — une cuisine immense, avec une rotisseuse gigantesque, 3 fourneaux énormes et 44 marmites immenses, dans lesquelles cuisent quotidiennement 1000 kilogrammes de viande, 160 kilogrammes de riz, 400 litres de haricots, 1400 kilogrammes de choux et pommes de terre, des magasins nombreux d'où sortent chaque jour 1200 litres de lait, 165 kilogrammes de fromage, 2000 kilogrammes de salade, 800 kilogrammes de fruits et 160 de confitures.

En 1866, il a été blanchi à la buanderie de l'hospice 4 millions et demi de pièces de linge.

Ici aussi se fit sentir la bienfaisante influence du docteur Pinel, dont on ne saurait trop répéter le nom. Les femmes étaient jusqu'à lui reléguées dans des cabanons souterrains, où, au dit de la chronique, leurs pieds étaient *rongés par les rats* ou gelés par le froid des hivers.

Au quartier des furieuses, on remarque quatorze petits chalets suisses d'allure très-coquette.

Plus de 200 aliénées sont occupés à un travail régulier.

GHEEL.

Située en Belgique, à vingt kilomètres de Turlahout, au milieu d'un vaste plateau composé de bruyères et de sables, surnommé la Camperie belge; la petite ville de Gheel semble un oasis dans le désert.

Dans ce petit pays s'accomplit un véritable prodige moral; sa prospérité relative est due à l'accomplissement d'un noble devoir, simplement et fidèlement rempli.

C'est un asile d'aliénés, mais non une sorte de prison, si somptueuse soit-elle, qui rappelle Bicêtre ou Charenton : les aliénés recueillis sur toute la surface de la Belgique sont répartis entre cinq cents habitations différentes, dont trois cents sont de petites fermes dispersées dans la campagne, et deux cents situées dans la petite ville même de Gheel, appropriées aux besoins des aliénées les plus doux et appartenant à des classes plus élevés. Confiés aux soins d'un hôte et de l'hôtesse, qui ne peuvent recevoir plus de trois pensionnaires at qui généralement se bornent à en avoir un, l'aliéné prend sa part de la vie de famille. Il partage les occupations, les plaisirs, les joies de l'intérieur; il travaille aux champs, s'il en a l'habitude. Si l'on ne juge pas bon pour lui de manier la bêche où la charrue, il reste au logis, garde les enfants, cultive le jardin et veille au pot au feu; si c'est une femme, elle s'occupe des travaux du ménage.

De plus, un système strict de surveillance prévient les abus. La commune de Gheel et les hameaux qui en dépendent sont divisés en trois sections, ayant chacune un garde-infirmier et un médecin, auquel est confié le traitement médical de chaque aliéné appartenant à sa section, et qu'il est tenu de visiter au moins une fois par semaine.

Tout aliéné atteint de délire, arrivé avec la camisole de force, n'est plus reconnaissable au bout de quelques jours passés à Gheel.

Le taux des pensions d'indigents, réglé chaque année, varie de 300 à 500 francs.

Le docteur Biffi de Milan, qui a éloquemment plaidé le système de liberté pratiqué à Gheel, raconte le trait suivant :

Une femme de Gheel se trouvait seule dans une

chambre avec un aliéné pris subitement de fureur ; le danger était grand, la présence d'esprit
fut plus grande encore : elle prend l'enfant qu'elle
portait dans ses bras et que le furieux aimait, le
dépose dans les bras de celui-ci, et profite de la
distraction que cette surprise amène pour s'esqui-
ver par la porte. Cachée derrière la porte, elle
suit de l'œil et du cœur le manége du fou. Merveilleux calcul ! l'enfant ayant entièrement et subitement calmé le furieux qui, l'ayant caressé et
et posé à terre, jouait avec lui ; quelques minutes
aprés, la femme put rentrer. L'orage était dis-
sipé.

TABLE DES MATIÈRES.

Paris. — Typ. Gaittet, rue du Jardinet 1.

P. LEBIGRE-DUQUESNE

ÉDITEUR

---◆---

PRINCIPALES PUBLICATIONS

---◆---

Toutes nos expéditions se font immédiatement

PARIS

16, rue Hautefeuille, 16

VIENT DE PARAITRE

LES
CURIOSITÉS
DE PARIS

PAR

CH. VIRMAITRE

SOMMAIRE

Un joli volume in-18. — Prix : 3 fr.

Pour recevoir l'ouvrage de suite et *franco*, adresser trois francs cinquante à M. P. LEBIGRE-DUQUESNE, éditeur, 16, rue Hautefeuille, à Paris.

LES MYSTÈRES

DE LA

POLICE

3 beaux volumes in-18

Inutile de dire ce que cet ouvrage peut offrir d'intérêt : son titre seul l'indique. L'ouvrage est divisé en trois parties — 1re partie : *La Police en France depuis Louis XIV jusqu'à la Révolution de 1789*; — 2e partie : *La Police pendant la Révolution et l'Empire*; — 3e partie : *La Police contemporaine.*

~~~~~~~~~~

EXTRAITS DE LA TABLE DES MATIÈRES

— Disparition extraordinaire de jeunes gens de vingt ans. — Terreur dans Paris. — Effrayantes conjectures. — Encore les bains de sang humain. — Ordres pressant du roi à ce sujet. — M. de la R..... et l'espion Lecocq. — Mission secrète. — Langage muet en usage à*la police. — Le fils naturel de ce coquin en avant pour surprendre les coupables. — Les divers stratagèmes. — Double séduction. — Expédition nocturne. — Affeux guet-apens. — Repaire de brigands pris par escalade. — LES POISONS ET LES EMPOISONNEMENTS. — Officiers de poisons. —, Projet d'empoisonner le roi et le dauphin. — Arrestations. — Institution de la chambre ardente. — Personnes considérables enveloppées dans la complicité de ces crimes. — Accouchement secret de madame Henriette d'Angleterre. — Les étranges propositions. — Profanation du tombeau de Turenne. — Affreux sacrilége. — Révélations de la fille Voisin. — De la femme Pilastre et de deux prêtres nommés Lesage et Guibourg. — Madame de Montespan accusée d'avoir voulu empoisonner mademoiselle de Fontanges et d'avoir voulu empoisonner le roi. — L'affaire est étouffée par les ordres du roi. — La reine d'Espagne empoisonnée. — Mort singulière de Fouquet. — Réflexions sur cet affaire des poi-

. NOTA. — Chaque volume se vend séparément 3 francs et 3 fr. 50 *franco* par la poste. — Les personnes qui prendront de suite l'ouvrage complet recevront *franco* les 3 volumes contre l'envoi de 7 fr. 50, adressés soit en timbres-poste de 20 cent., soit en un mandat sur la poste à M. P. LEBIGRE-DUQUESNE, éditeur, 16, rue Hautefeuille, à Paris.

LE LOUSTIC
DU RÉGIMENT

UN JOLI VOLUME DE PRÈS DE 400 PAGES

AVEC GRAVURES

PRIX : 1 FRANC

Ce livre est, avant tout, intéressant et amusant.
— Il contient tous les cancans du régiment, les
bons mots en vogue dans chaque corps les sou-
venirs drôlatiques de la vie militaire, les anecdotes touchantes ou comiques qui se content
autour du bivouac. C'est le seul qui existe en ce
genre.

Pour recevoir de suite et *franco* le Loustic du Régiment, il suffit d'adresser un franc vingt centimes, soit
en timbres-poste, soit en un mandat sur la poste, à
MM. LEBIGRE-DUQUESNE frères, éditeurs, 16, rue Hautefeuille, à Paris.

DICTIONNAIRE

UNIVERSEL

DE GÉOGRAPHIE

Rédigé d'après les documents officiels de statistique;
donnant les longitudes et latitudes,
le chiffre des populations;
indiquant pour chaque pays et pour chaque ville
ses productions, son commerce,
sa distance des villes principales, etc., etc.

Un beau Volume de 684 pages.
PRIX : 3 FR. 50

FRANCO PAR LA POSTE : 4 FRANCS.

On ne saurait trop populariser l'étude de la Géographie, surtout à une époque aussi fertile en découvertes et en progrès que la nôtre.

Faire connaître, avec les détails nécessaires, les empires, royaumes, villes, bourgs, villages, qui couvrent la terre ; les rivières les fleuves, les mers et les îles qui s'y trouvent semées, c'est ce que nous avons entrepris dans cet ouvrage, d'une utilité pratique, universelle, classique et populaire.

Ce livre, qui prend place à côté de nos autres dictionnaires, est le complément indispensable de tous les livres d'histoire, et le guide infaillible pour les recherches géographiques.

Pour recevoir de suite et *franco* par la poste le *Dictionnaire universel de Géographie*, il suffit d'adresser par lettre affranchie 4 francs, soit en timbres-poste, soit en un mandat sur la poste à MM. LEBIGRE-DUQUESNE frères, éditeurs, 16, rue Hautefeuille, à Paris.

DICTIONNAIRE

UNIVERSEL

DES SCIENCES

DES LETTRES ET DES ARTS

Un beau Volume de 510 pages.
PRIX : 3 FR. 50

FRANCO PAR LA POSTE : 4 FRANCS

Populariser, de la manière la plus favorable aux recherches, l'étude si utile des sciences, des lettres et des arts, tel est notre but.

Nous avons été amené à le composer par le succès obtenu par notre *Dictionnaire universel d'Histoire*, autre ouvrage classique qui, comme celui-ci, s'adresse à tout le monde.

Il faut mettre la science à la portée de toutes les bourses et de toutes les intelligences.

Aux uns, ce livre rappellera ce qu'ils ont appris, aux autres, il donnera des notions claires et précises sur toutes les connaissances humaines ; à tous, il servira de guide sûr qu'on pourra toujours consulter.

Nous avons adopté l'ordre alphabétique à cause de la facilité qu'il donne de trouver, sur les matières les plus diverses, les notions qu'on désire avoir.

Pour recevoir de suite et *franco* par la poste *le Dictionnaire universel des sciences*, il suffit d'adresser 4 fr. soit en timbres-poste, soit un mandat sur la poste à MM. LEBIGRE-DUQUESNE frères, éditeurs, 16, rue Hautefeuille, à Paris.

SECRETS ET MYSTÈRES

DE LA

SORCELLERIE

OU LA

MAGIE MISE A LA PORTÉE DE TOUT LE MONDE

UN JOLI VOLUME DE PRÈS DE **400** PAGES

AVEC GRAVURES

PRIX : 1 FRANC

On voit chaque jour des gens condamnés par les tribunaux pour avoir abusé de la crédulité publique; aussi croyons-nous rendre un véritable service en mettant à la portée de tout le monde un livre qui dévoile TOUS LES SECRETS ET MYSTÈRES DES SORCIERS : *tous ceux qui posséderont ce livre en sauront autant qu'eux.*

En lisant l'explication de toutes ces choses qui paraissent surnaturelles, on verra quelle confiance on peut accorder aux charlatans.—Ce livre étant DÉDIÉ A TOUT LE MONDE, le prix est de *un franc seulement* (et 20 centimes de port).

Pour recevoir de suite et *franco* l'ouvrage SECRETS ET MYSTÈRES DE LA SORCELLERIE, il suffit d'adresser 1 fr. 20 c., soit en timbres-poste, soit en un mandat sur la poste à MM. LEBIGRE-DUQUESNE FRÈRES, éd teurs, 16, rue Hautefeuille, à Paris.

LES
BRIGANDS CÉLÈBRES

UN JOLI VOLUME

D'ENVIRON 400 PAGES AVEC GRAVURES

PRIX : 1 FRANC

Ce volume contient des détails sur **Cartouche, Louison Cartouche, Balagny, José Maria, Jack Scheppard, Mandrin, Schinderhannes, Picard, Julie Blasius, Fra-Diavolo,** etc.

Le livre des BRIGANDS CÉLÈBRES est tout nouveau, il n'en existe pas de plus dramatique et de plus intéressant. A côté d'aventures terribles qui font frémir d'horreur, se trouvent des anecdotes plaisantes qui ramènent la gaîté dans le cœur du lecteur. Les gravures représentent des portraits et des épisodes de la vie des Brigands célèbres.

NOTA. — Pour recevoir de suite, *franco*, par la poste le volume des Brigands célèbres, adresser, par lettre affranchie, un franc vingt centimes, soit en timbres-poste, soit en un mandat sur la poste à MM. LEBIGRE-DUQUESNE frères, éditeurs, 16, rue Hautefeuille à Paris.

LES DANGERS

DE

L'AMOUR

DE LA LUXURE

ET

DU LIBERTINAGE

POUR   POUR

L'HOMME   LA FEMME

PENDANT

LA JEUNESSE

PENDANT

L'AGE MUR

PENDANT

LA VIEILLESSE

PAR

Laurent MARTIN

Un beau volume de près de 400 pages.

Pour recevoir de suite l'ouvrage *franco* par la poste, envoyer 3 fr. 40 en timbres-poste de 20 c., à MM. LA BIGRE-DUQUESNE frères, éditeurs, 16, rue Hautefeuille, à Paris.

.